Confissões de um Inglês comedor de ópio

Thomas de Quincey

Título original: *Confessions of an English Opium-Eater*
Copyright © Editora Lafonte Ltda. 2021

Todos os direitos reservados.
Nenhuma parte deste livro pode ser reproduzida por quaisquer meios existentes sem autorização por escrito dos editores e detentores dos direitos.

Direção Editorial   *Ethel Santaella*

REALIZAÇÃO

GrandeUrsa Comunicação

Direção   *Denise Gianoglio*
Tradução   *Adriana Buzzetti*
Revisão   *Luciana Maria Sanches*
Capa, Projeto Gráfico e Diagramação   *Lorena Alejandra Zuniga Munoz*

Dados Internacionais de Catalogação na Publicação (CIP)
(Câmara Brasileira do Livro, SP, Brasil)

```
Quincey, Thomas de, 1785-1859
    Confissões de um inglês comedor de ópio / Thomas
de Quincey ; tradução Adriana Buzzetti. -- São Paulo,
SP : Lafonte, 2021.

    Título original: Confessions of an English
Opium-Eater
    ISBN 978-65-5870-181-1

    1. de Quincey, Thomas, 1785-1859 2. Escritores
ingleses - Biografia 3. Ópio - Abuso I. Buzzetti,
Adriana. II. Título.

21-80563                                      CDD-928
```

Índices para catálogo sistemático:

1. Escritores ingleses : Biografia   928

Eliete Marques da Silva - Bibliotecária - CRB-8/9380

Editora Lafonte
Av. Profª Ida Kolb, 551, Casa Verde, CEP 02518-000, São Paulo-SP, Brasil Tel.: (+55) 11 3855-2100
Atendimento ao leitor (+55) 11 3855- 2216 / 11 3855 - 2213 - atendimento@editoralafonte.com.br
Venda de livros avulsos (+55) 11 3855- 2216 - vendas@editoralafonte.com.br
Venda de livros no atacado (+55) 11 3855-2275 - atacado@escala.com.br

Impressão e acabamento
Gráfica Oceano

Thomas de Quincey

CONFISSÕES DE UM INGLÊS COMEDOR DE ÓPIO

Tradução
Adriana Buzzetti

Brasil, 2021

Lafonte

SUMÁRIO

PREFÁCIO 6

PARTE I 20
    CONFISSÕES PRELIMINARES 21

PARTE II 66
    OS PRAZERES DO ÓPIO 67

PARTE III 102
    AS DORES DO ÓPIO 103
    A FILHA DO LÍBANO 145
    LEVANA E NOSSAS SENHORAS DAS DORES 151

APÊNDICE 160

PREFÁCIO DA EDIÇÃO ORIGINAL, DE 1822

AO LEITOR

Aqui vos apresento, prezado leitor, o relato de um período memorável de minha vida: em função do uso que fiz dele, acredito que provarei ser não apenas um registro interessante, como também bastante útil e instrutivo. Com esta esperança foi que eu o redigi; e este deve ser meu pedido de desculpas por adentrar um campo delicado, que, em geral, refreia-nos da exposição pública de nossos próprios erros e enfermidades. Nada, de fato, é mais revoltante para sentimentos ingleses do que um ser humano se intrometer quando percebemos suas úlceras ou feridas morais e rasgar aquela "cortina de decência" que o tempo ou a indulgência à fragilidade humana fizeram recair sobre elas. Dessa forma, a maior parte das nossas confissões (isto é, confissões espontâneas e extrajudiciais) provém de mesquinhos, aventureiros ou vigaristas. E, quanto a qualquer ato de auto-humilhação gratuita daqueles que podem, supostamente, ser simpáticos à parcela da sociedade que é decente e se dá ao respeito, devemos recorrer à literatura francesa, ou àquela parte dos alemães que é tingida com a sensibilidade espúria e defeituosa dos franceses. Eu sinto tudo isso de maneira tão agressiva que por muitos meses hesitei quanto à adequação em permitir que esta, ou qualquer parte da minha narrativa, viesse a público antes da minha morte (quando, por muitas razões, o todo será publicado). Não é sem uma reavaliação angustiante das razões, a favor e contra esse passo, que decidi, finalmente, publicá-la.

A culpa e a desgraça se encolhem, por um instinto natural, diante do olhar do público; elas cortejam a privacidade e a solidão. E, mesmo na escolha de um túmulo, às vezes vão se isolar da população geral do cemitério, como se estivessem se recusando a comungar com a grande família do homem e desejando (na linguagem afetada do senhor Wordsworth)...

*"Humildemente expressar
Uma solidão penitente"*.[1]

É bom — para o interesse geral — que seja assim: pessoalmente e de vontade própria eu não manifestaria desprezo por sentimentos tão salutares, nem, por meio de atos ou palavras, faria qualquer coisa para despertá-los. Por um lado, minha autoacusação não se soma a uma confissão de culpa; por outro, é possível que, se assim o fizesse, o benefício que resultaria a outros, do registro de uma experiência comprada a um preço tão alto, pudesse compensar, por um enorme desequilíbrio, qualquer violência impetrada aos sentimentos que percebi e justificar uma violação da regra geral. Debilidade e desgraça não

---

[1] Verso do poema "The White Doe of Rylstone" ["A Corça Branca de Rylstone"] do poeta inglês William Wordsworth (1770 – 1850), escrito entre 1807 e 1808 e publicado apenas em 1815, após ser revisado pelo autor. (N. da T.)

implicam, necessariamente, em culpa. Elas se aproximam ou se afastam das sombras dessa soturna aliança, em proporção aos prováveis motivos e perspectivas do ofensor e às dissimulações, conhecidas ou secretas, da ofensa; à medida que as tentações sejam potentes desde o início, e a resistência, em ato ou esforço, sincera até o fim. De minha parte, sem violação da verdade ou modéstia, posso afirmar que minha vida tem sido, na totalidade, a vida de um filósofo: desde meu nascimento, tornei-me uma criatura intelectual — e intelectual no sentido mais elevado que as minhas buscas e os meus prazeres pudessem ir, desde meus dias de estudante. Se comer ópio fosse um prazer sensual, e se eu estivesse inclinado a confessar que me entreguei a ele em um excesso ainda não registrado por nenhum outro homem, não seria menos verdade que lutei contra esse fascinante deleite com um zelo religioso, e consegui o que nunca soube ter sido atribuído a nenhum outro homem — desentrelacei, quase até os últimos nós, a corrente amaldiçoada que me prendia. Tal vitória pode ser razoavelmente desencadeada para compensar qualquer tipo ou grau de autoindulgência. Não para insistir que, no meu caso, a conquista foi inquestionável, a autoindulgência aberta a dúvidas de casuística, à medida que esse nome deva ser estendido a atos visando ao simples alívio da dor ou ser reduzido a tal enquanto visa à excitação do prazer declarado.

A culpa, portanto, não reconheço e, se reconhecesse, é possível que ainda decidisse pelo presente ato de confissão, em consideração ao serviço que posso, deste modo, prestar a toda a classe de comedores de ópio. Mas quem são eles? Leitor, lamento dizer, uma classe de fato muito numerosa. Eu me convenci disso alguns anos atrás, ao calcular, na época, o número daqueles em uma pequena classe da sociedade inglesa (aquela dos homens distinguidos por seus talentos ou pela posição eminente), que eu conhecia, direta ou indiretamente, como comedores de ópio; tais como o eloquente e benevolente --, o antigo reitor de --, --; lorde --; o senhor --, o filósofo; o antigo subsecretário de estado -- (que me descreveram a sensação que primeiro os conduziu ao uso de ópio, nas exatas palavras do reitor de --, ou seja, "que ele se sentiu como se ratazanas estivessem roendo e friccionando o revestimento de seu estômago"); senhor --; e muitos outros um pouco menos conhecidos, os quais seria muito entediante mencionar. Então, se uma classe comparativamente tão limitada podia fornecer tantos exemplos de casos (e isso dentro do conhecimento de um único inquiridor), seria uma inferência natural que toda a população da Inglaterra forneceria um número proporcional. Eu duvidei da solidez dessa inferência, entretanto, até que alguns fatos passaram a ser do meu conhecimento, o que me satisfez saber que não era incorreta. Mencionarei dois: 1. Três respeitáveis farmacêuticos de Londres, de bairros bastante remotos da cidade, dos quais eu recentemente havia comprado pequenas quantidades de ópio, asseguram-me que o número de comedores de ópio amadores (como posso denominá-los) era, naquele momento, imenso e que a dificuldade de distinguir essas pessoas, para quem o hábito havia tornado o ópio necessário, daquelas que o compravam com vistas ao suicídio, ocasionava a eles problemas e conflitos diários. Essa evidência dizia respeito a Londres apenas. 2. (O que possivelmente pode surpreender o leitor ainda mais) Alguns anos atrás, ao passar por Manchester, fui informado por vários fabricantes de algodão que os trabalhadores de suas fábricas estavam rapidamente adquirindo o hábito de comer ópio; tanto que, numa tarde de sábado, os caixas da farmácia estavam repletos de comprimidos de um, dois ou três grãos, prontos para a conhecida demanda da noite. A causa imediata dessa prática eram os baixos salários, que, naquela época, não lhes permitiriam se satisfazer com cerveja ou destilados. E, com salários mais altos, poder-se-ia pensar que essa prática cessaria, mas como eu não acredito facilmente que qualquer homem, tendo uma vez provado o divino requinte do ópio, iria depois retroceder aos desfrutes grosseiros e mortais do álcool, tomo por natural

"que aqueles que comem agora são os que antes não comeram jamais; E os que sempre comeram agora comem ainda mais".

De fato, os poderes fascinantes do ópio são reconhecidos, mesmo por escritores médicos, que são seus maiores inimigos: assim, por exemplo, Awsiter, farmacêutico no Hospital Grenwich, em seu *Essay on the Effects of Opium* [Ensaio Sobre os Efeitos do Ópio] (publicado no ano de 1763, quando tentou explicar por que Mead não havia sido suficientemente explícito sobre as propriedades, as contraindicações etc. dessa droga), expressa-se fazendo uso dos seguintes termos misteriosos: "Talvez ele considerasse o assunto de natureza delicada demais para se tornar popular; e como muitas pessoas poderiam, então, usá-lo indiscriminadamente, tiraria dali o medo e a cautela necessários para impedir que experimentassem o extenso poder dessa droga: pois há muitas propriedades nela, se universalmente conhecidas, que converteriam seu uso em hábito e a tornariam mais requisitada junto a nós do que pelos próprios turcos. O resultado desse conhecimento", ele acrescenta, "deve se provar uma calamidade geral". Diante da necessidade de uma conclusão, eu não concordo, mas sobre esse aspecto terei oportunidade de falar no encerramento das minhas confissões, quando apresentarei ao leitor a moral da minha narrativa.

E, neste ponto, devo dizer que o ópio, primeiramente, é o único anódino católico até agora revelado ao homem; em segundo lugar, é o único anódino que em uma vasta maioria de casos é irresistível; em terceiro, que de longe é o mais potente de todos os combatentes da irritação nervosa e da terrível maldição do *taedium vitae*;[2] em quarto, quanto à possibilidade, sob o argumento inegável e plausível alegado por mim mesmo, é o único agente conhecido — não por curar quando formado, mas por interceptar quando em vias de ser formado — contra o grande flagelo inglês que é a tuberculose. Pois o ópio carrega essas, ou qualquer uma dessas, quatro características beneficentes — qualquer agente que torne essas pretensões boas, não importa qual seja o nome, está altivamente autorizado a recusar a classificação e o tratamento ordinários que o ópio recebe nos livros. O ópio, ou qualquer agente de igual poder, está autorizado a assumir que foi revelado ao homem por algum objetivo mais nobre do que ser um alvo para denúncias morais, ignorantes, quando não hipócritas, e infantis, quando não desonestas; que ele deveria ser estabelecido como um espantalho teatral para terrores supersticiosos, do qual o resultado é com frequência enganar o sofrimento humano quanto ao seu pronto alívio e cujo propósito é *Ut pueris placeant et declamatio fiant* (que eles devem ganhar o aplauso de estudantes e fornecer material para um ensaio premiado).

Por um lado, e no mínimo, todos os remédios e meios de tratamentos médicos se oferecem como anódinos — isto é, até onde prometem, em última instância, aliviar o sofrimento ligado a doenças e enfermidades físicas. Mas, no sentido específico e comum, não designamos como "anódinos" aqueles remédios que obtêm

---

2 Latim: estado permanente de enfado ou desgosto sem causa aparente. (N. da T.)

o alívio da dor apenas como um efeito secundário e distante que se segue da cura do mal; apenas chamamos de anódinos aqueles que obtêm o alívio e o perseguem como seu objetivo primário e imediato. Se, ao dar tônicos para uma criança sofrendo de dores periódicas no estômago, estivéssemos em última instância banindo aquelas dores, isso não nos garantiria denominar tais tônicos de anódinos, pois a neutralização das dores seria um processo indireto da natureza e provavelmente exigiria semanas para sua evolução. Mas um anódino verdadeiro (como meia dúzia de gotas de láudano ou uma colher de sobremesa de algum carminativo misturado com conhaque) sempre irá banir a tristeza sofrida por uma criança dentro de cinco a seis minutos. Entre os anódinos mais potentes podemos listar a cicuta, o meimendro-negro, o clorofórmio e o ópio. Mas, inquestionavelmente, os três primeiros têm um campo muito mais estreito de atuação se comparados ao ópio. Este, entre todos os outros agentes que o homem conhece, é o mais eficaz e o mais intensamente eficaz contra dor — e tão mais poderoso do que qualquer outro em que eu possa pensar que, em uma terra pagã, supondo que tivesse se tornado conhecido por meio de familiaridade experimental com sua mágica revolucionária, o ópio teria altares e sacerdotes consagrados aos seus poderes benignos e tutelares. Mas esse não é meu objetivo nesta pequena obra aqui presente. Muitas pessoas interpretaram de forma completamente errônea esse objetivo, portanto, clamo aqui, ao encerrar meu prefácio original, um pouco remodelado, que o que pretendi nestas *Confissões* foi deixar gravado o poder do ópio — não sobre doença e dor do corpo, e sim sobre o maior e mais sombrio mundo dos sonhos.

Notas preliminares da edição ampliada – 1856

Quando ficou estabelecido, nas séries gerais dessas republicações, que *Confissões de um Inglês Comedor de Ópio* ocuparia o Quinto Volume,[3] resolvi me aproveitar muito cuidadosamente da abertura dada para uma revisão da obra toda. Por acidente, uma parte considerável das *Confissões* (tudo, resumindo, exceto os sonhos) havia sido escrita apressadamente e, por vários motivos, nunca havia passado por uma revisão rigorosa, a não ser algumas correções verbais ordinárias. Mas, era necessário fazer muito mais do que isso. A narrativa principal deveria naturalmente ter mudado ao longo de uma sucessão de incidentes secundários e, com descanso para relembrá-los, poderia ter se tornado bastante inspirador. Desejando todas as oportunidades para tais vantagens, essa narrativa havia sido desnecessariamente empobrecida. Assim, correções não muito apropriadas e reduções de gastos foram acionadas para integrar o que havia sido deixado imperfeito ou como uma amplificação do que, a princípio, teria sido insuficientemente desenvolvido.

Tendo isso em vista, não teria sido difícil (embora trabalhoso) relançar a pequena obra em um formato melhor; e o resultado

---

[3] As *Confissões* de De Quincey ocupariam o Quinto Volume em uma publicação de 14 volumes de seus escritos reunidos na época. (N. da T.)

deveria, com certeza, ganhar a aprovação, no mínimo, de seus antigos leitores. Comparado com sua versão anterior, o livro certamente deveria tender, pelo próprio princípio de mudança — qualquer que seja a execução dessa mudança —, a se tornar melhor; e, na minha opinião, após todos os inconvenientes e as concessões para a demonstração falha de um bom princípio, ele ficaria melhor. Isso deveria ser uma questão de mera necessidade lógica ou inferencial, já que, por simples soma a tudo o que foi previamente aprovado, haveria agora um claro excedente de matéria extra — tudo que poderia ser bom na obra antiga, somado a uma boa parte nova. Essa melhoria foi obtida à custa de muito trabalho e sofrimento, que, se pudessem ser verdadeiramente definidos, pareceriam inacreditáveis. Uma doença nervosa, de natureza bastante peculiar, que me atacou intermitentemente nos últimos 11 anos, atingiu-me novamente no último mês de maio, quase simultaneamente ao início desta revisão. E, tão obstinadamente essa doença insistiu no seu cerco silencioso — eu chamaria de subterrâneo, já que nenhum dos sintomas se manifestou externamente —, que, embora tenha me dedicado a esse trabalho solitário sem parar ou relaxar por um único dia, ainda assim passei seis meses debruçado no relançamento deste pequeno volume.

As consequências foram perturbadoras a todos os envolvidos. O pessoal da impressão lamentava diante das visitas frequentes; os linotipistas estremeciam só de ver minha caligrafia, embora não fosse repreensível quanto à legibilidade. E temo que, nos dias em que minha queixa era mais pesada, acabei cedendo a ela por ter suportado a nitidez de uma visão crítica. Algumas vezes posso ter negligenciado enganos, declarações falsas ou repetições, implícitas ou mesmo expressas. Mas com mais frequência posso ter falhado em apreciar os verdadeiros efeitos de um gerenciamento defeituoso de estilo e suas nuances. Às vezes, por exemplo, um arranjo de frases pesado ou muito intrincado pode ter frustrado a tendência de algo que seria comovente em sua apresentação natural; ou talvez fosse possível que, em virtude de uma superficialidade injustificável em outros momentos, eu tenha repelido a compreensão dos meus leitores — todos ou alguns. Infinitas são as aberturas para erros como esses — isto é, para erros não totalmente vistos como tais. Mas, mesmo em um caso inequívoco de erros, vistos e reconhecidos, pode-se estar aberto à correção apenas por meio de um ato repentino e enérgico naquele momento ou nunca mais — que a pressão seja por 20 minutos, suponhamos, em que pode ser livremente alterado, mas, além desse prazo, estará fechado e selado inexoravelmente. Sendo assim supostas as circunstâncias, o leitor humanizado levará em conta a fraqueza que mesmo intencional e conscientemente se rende ao erro, aquiescendo deliberadamente em vez de encarar o cruel esforço de corrigi-lo de forma mais elaborada em um momento de deplorável tristeza, e com a previsão de que a principal correção acarreta mais meia dúzia em nome de uma consistência decente. Não me refiro a nenhum caso existente contra mim mesmo, acredito que não haja nenhum. Mas escolho supor um caso extremo de um erro consciente, para que casos desculpáveis de lapsos possam, sob o abrigo de uma licença externa, encontrar tolerância de um crítico liberal. Lutar contra o cerco fatigante de uma doença permanente exige um violento combate. Não arrisco nenhuma descrição desse combate, conhecendo a incompreensão e repulsa de todas as tentativas de comunicar o incomunicável. Mas o leitor generoso, pela tolerância da minha parte, não mostrará a menor indulgência se fosse o caso (inesperado para mim) de reivindicá-la.

Assim, tornei o leitor familiarizado com uma de duas correntes opostas que tendiam a impedir meus esforços de melhorar essa pequena obra. Houve, nesse meio-tempo, outra corrente, menos aberta a ser reparada pelos meus mais extremos esforços. O tempo todo estive confiante em uma graça suprema, que eu havia reservado para as páginas finais deste volume, em uma sucessão de cerca de 20 a 25 sonhos e devaneios diurnos, que surgiram sob os últimos estágios da influência do ópio. Estes desapareceram: alguns sob circunstâncias que me dão alguma perspectiva de recuperá-los; alguns, inexplicavelmente; e outros, desonrosamente. Cinco ou seis, acredito, foram queimados em uma repentina conflagração que surgiu da luz de uma vela derretendo sem ser notada entre uma enorme pilha de papel em um quarto, quando eu estava sozinho lendo. Derretendo não sobre, mas entre e em meio aos papéis, o fogo logo estaria à frente de conflitos; e, em contato com objetos de madeira e os tecidos que envolvem a cama, teria imediatamente tomado as ripas do teto acima e, consequentemente, a casa, longe do acesso do carro de bombeiro, teria sido posta abaixo em meia hora. Minha atenção foi primeiramente atraída por uma luz repentina sobre meu livro: a diferença completa entre uma destruição total do local e uma perda trivial (de livros carbonizados) de cinco guinéus se deveu a uma enorme túnica espanhola. Uma única pessoa, um pouco agitada, mas com muita presença de espírito, jogou-a sobre o fogo e segurou firme, apagando-o efetivamente. Entre os papéis parcialmente queimados, mas não a ponto de completamente irrecuperáveis, estava *A Filha do Líbano*, e este eu estou publicando intencionalmente no fim, já que fecha de maneira apropriada um registro em que o caso da pobre Ann, a banida, formou não apenas o incidente mais memorável e mais sugestivamente patético, como também, mais do que qualquer outro, coloriu — ou (mais corretamente, devo dizer) formatou, moldou e remoldou, compôs e recompôs — a maior parte dos sonhos provenientes do consumo de ópio. A busca pelas características perdidas de Ann, que falei serem perseguidas nas multidões de Londres, foram mais adequadamente procuradas por muitos anos em sonhos. A ideia geral de uma busca e uma caçada se reproduz de muitas formas. A pessoa, o nível, a idade, a posição cênica sempre variaram, mas os mesmos traços principais permaneceram levemente como os de uma pária, com alguma maldade sombria que a afastou, ou tentou afastá-la, da recuperação e da esperança. Forneço tal explicação, pois aquele acréscimo particular que alguns amigos meus foram autorizados a procurar não foi na primeira edição concedido, nem na edição presente poderia ser concedido, já que a parte que é concedida foi posicionada em uma situação conspícua (uma passagem de encerramento) que agora ocupa.

Novembro, 1856.

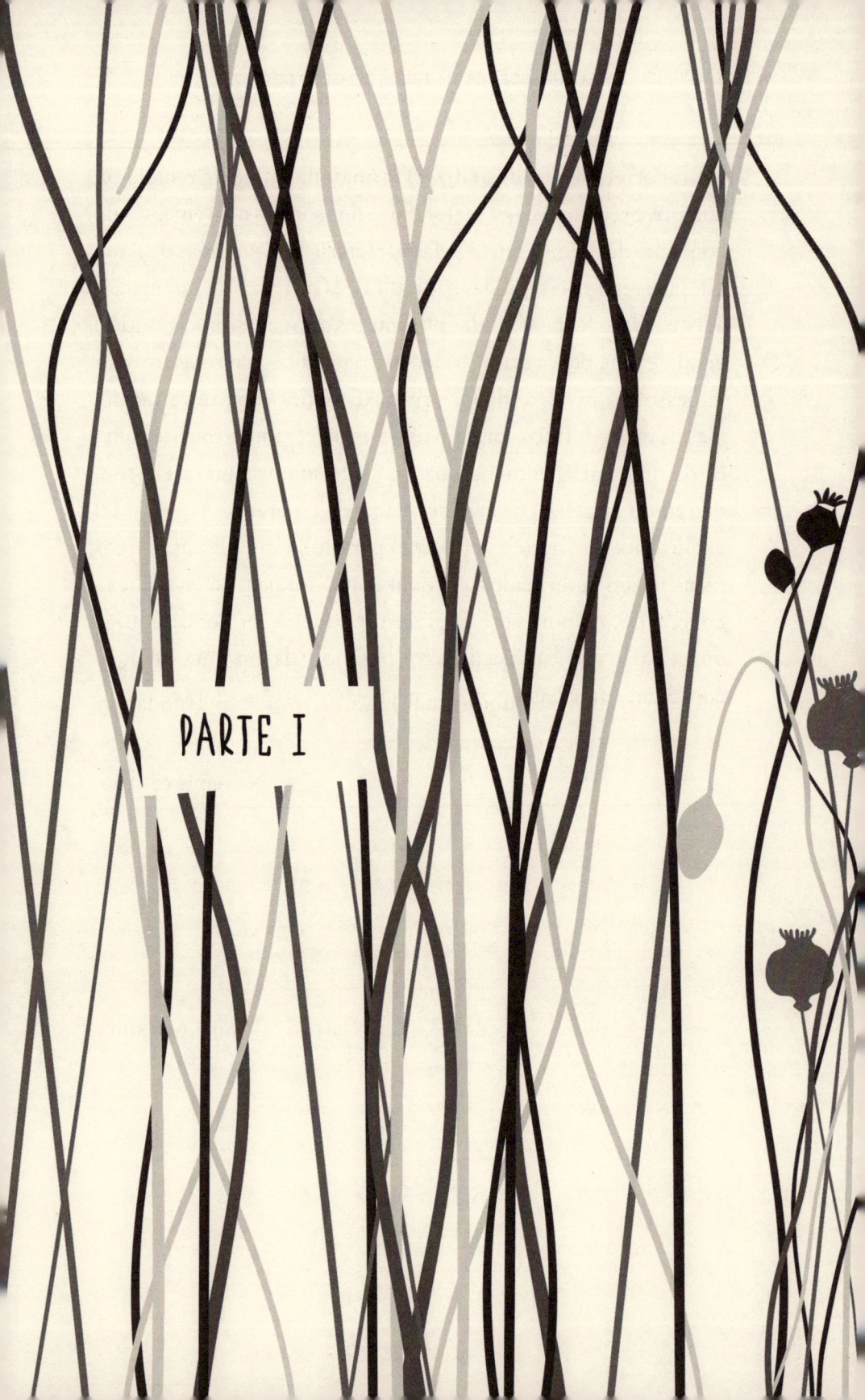

PARTE I

CONFISSÕES PRELIMINARES

Foi julgado apropriado postular estas confissões preliminares, ou narrativa introdutória de aventuras juvenis que fundaram as bases do hábito do escritor de comer ópio na vida adulta, por três razões:

I. Como forma de antecipar a questão, e dar a ela uma resposta satisfatória, que de outra forma iria se impor dolorosamente no curso das Confissões de Ópio — "Como uma pessoa sensata se sujeita ao jugo da miséria, voluntariamente suporta um cativeiro tão servil e conscientemente se agrilhoa a uma corrente trancada a sete chaves?" — uma pergunta que, se não resolvida em algum lugar, raramente falharia, pela indignação que estaria apta a suscitar contra um ato de loucura arbitrária, em interferir no grau de solidariedade que é necessário em qualquer caso aos propósitos de um autor.

II. Por fornecer a chave para algumas partes daquele cenário gigantesco que depois povoam os sonhos dos comedores de ópio.

III. Por criar algum interesse prévio de tipo pessoal no sujeito que confessa, à parte o assunto das confissões, que não pode falhar em tornar as confissões em si mais interessantes. Se um homem que "só se preocupa com seus bois" se torna um comedor de ópio, a probabilidade é de que (se ele não for muito enfadonho para sonhar) ele sonhe com bois; enquanto, no caso diante dele, o leitor descobrirá que o comedor de ópio se vangloria por ser um filósofo, então, a fantasmagoria de seus sonhos (acordado ou dormindo, sonhos diurnos ou noturnos) é adequada a alguém que nesse assunto...

humani nihil a se alienum putat. [4]

Pois entre as condições que ele julga indispensáveis para sustentar qualquer reivindicação ao título de filósofo não está somente a posse de uma mente magnífica em suas funções analíticas (em tais partes das pretensões, no entanto, a Inglaterra pode fornecer por algumas gerações apenas alguns requerentes; no mínimo, ele não está ciente de nenhum candidato conhecido por essa honra que possa ser enfaticamente chamado de sutil pensador, com a exceção de Samuel Taylor Coleridge, e em um departamento de ideias mais estreito, com a recente exceção ilustre de David Ricardo), como também a constituição de capacidades morais, que deverão lhe fornecer um olho interno e o poder da intuição para a visão e os mistérios da nossa natureza humana: aquela constituição de capacidades, em resumo, que (entre todas as gerações de homens que desde o início dos tempos

---

4 Latim: é humano e não considera alheio a ele nada que seja humano. (N. da T.)

dispuseram da vida, por assim dizer, neste planeta) nossos poetas ingleses têm no mais alto nível — e os professores universitários escoceses, no mais baixo.

Sempre me perguntam como me tornei um comedor de ópio costumaz, e sofri, muito injustamente, na opinião dos meus conhecidos, por ter adquirido a reputação de ter ocasionado a mim mesmo todos os sofrimentos que registro, por um longo caminho de indulgência nessa prática, puramente em nome da criação de um estado artificial de excitação prazerosa. Isso, no entanto, é uma representação errônea do meu caso. É verdade que ao longo de dez anos eu ocasionalmente usei ópio com o único objetivo de obter o prazer refinado que ele me dava, mas contanto que eu o usasse com essa intenção, estava efetivamente protegido de todas as consequências materiais ruins, pela necessidade de intercalar longas pausas entre os vários atos de indulgência, a fim de renovar as sensações prazerosas. Não foi com o propósito de criar prazer, e sim de mitigar a dor em seu grau mais severo, que eu primeiramente comecei a usar ópio na minha dieta diária. Aos 28 anos, uma dor de estômago muito intensa, que eu já havia experimentado cerca de dez anos antes, atacou-me com grande força. Essa perturbação havia sido originalmente causada por momentos de fome extrema, sofridos nos meus tempos de menino. Durante a temporada de esperança e redundante felicidade que se sucedeu (isto é, dos 18 aos 24 anos), ela arrefeceu; já nos três anos seguintes, havia revivido em intervalos; e agora, sob circunstâncias desfavoráveis, em consequência da depressão, atacou-me com uma violência que não se rendia a nenhum remédio exceto ópio. Como os sofrimentos juvenis que inicialmente produziram essa enfermidade do estômago foram por si só interessantes, e diante das circunstâncias nas quais ocorreram, irei reconstitui-los brevemente.

Meu pai morreu quando eu tinha cerca de 7 anos e me deixou sob os cuidados de meus tutores. Estudei em várias escolas, grandes e pequenas, e cedo fui reconhecido por meu domínio clássico, principalmente por meu conhecimento de grego. Aos 13 anos, eu escrevia em grego com facilidade e, aos 15, meu domínio da língua era tamanho que eu não apenas compus versos gregos na métrica lírica, como também falava grego fluentemente, sem vergonha — um feito que não conheci em nenhum outro aluno da minha época e que, no meu caso, deveu-se à prática diária de leitura de jornais no melhor grego que eu poderia prover *extempore*;[5] pois a necessidade de revistar minha memória e criação, por todos os tipos de combinações de expressões perifrásticas, como equivalentes de ideias, imagens e relações de coisas modernas etc., proporcionou-me um compasso de dicção que nunca teria sido obtido com uma tradução monótona de ensaios morais ou coisa parecida. "Aquele garoto", disse um dos meus professores, chamando a atenção de um estranho para mim, "aquele garoto poderia discursar para uma multidão de atenienses, melhor do que você e eu poderíamos fazer em inglês." Ele, que me honrou com esse elogio, era um homem culto, "e dos maduros e bons"; e de todos os meus tutores foi o único que eu amei e reverenciei. Infelizmente para mim (e, como soube depois, para a indignação desse grande homem de valor) fui transferido primeiro aos cuidados de um cabeça-dura, que estava em estado perpétuo de pânico de que eu fosse ajudar a expor sua ignorância, e, finalmente, de um homem culto respeitável, no comando de uma grande escola baseada em princípios antigos. Esse homem havia sido indicado para sua posição pelo -- College, em Oxford, e era um acadêmico

---

5 Latim: naquele momento. (N. da T.)

correto e bem-constituído, mas (como a maioria dos homens que conheci daquela instituição) grosseiro, desajeitado e deselegante. Aos meus olhos, ele se apresentava como um terrível contraste ao brilhantismo de Eton que tinha meu mestre preferido; além disso, ele não conseguia disfarçar a pobreza e insuficiência de sua compreensão da minha constante observação. É ruim para um garoto estar, e se saber estar, bem além de seus tutores, seja em conhecimento ou no poder da mente. Esse era o caso, pelo menos no que tangia a conhecimento, não apenas comigo, já que dois outros garotos que também compunham a primeira ordem eram melhores helenistas do que o professor, embora não fossem alunos elegantes, nem em absoluto acostumados a se sacrificar às graças. Quando entrei, lembrei-me de que lemos Sófocles, e era motivo constante de triunfo para nós, o sábio triunvirato da primeira ordem, ver nosso "professor-chefe" (como ele gostava de ser chamado) manipulando nossas tarefas antes que subíssemos, estabelecendo um encadeamento regular, com léxico e gramática, para minar e liquidar (por assim dizer) qualquer dificuldade que tivesse nos coros; enquanto nós nunca condescendíamos em abrir nossos livros até o momento de subir, e estávamos geralmente ocupados na escrita de epigramas na sua peruca ou algum outro assunto importante. Meus dois colegas de classe eram pobres e dependiam da recomendação do professor para suas perspectivas futuras na universidade, mas eu, que dispunha de um pequeno patrimônio, cuja renda era suficiente para me manter na faculdade, desejava ir imediatamente. Fiz sérias declarações sobre o assunto aos meus guardiões, mas foram em vão. Um, que era mais razoável e tinha mais conhecimento de mundo do que o resto, morava longe; dois dos outros três renunciaram à sua autoridade em nome do quarto; e este quarto, com quem eu tive que negociar, era um homem de valor, à sua maneira, mas soberbo, obstinado e intolerante a tudo que fosse contrário à sua vontade. Depois de certo número de cartas e conversas pessoalmente, descobri que não havia por que ter esperanças, pois não obtive nem mesmo um compromisso do meu guardião; submissão incondicional era o que ele exigia. E eu me preparei, portanto, para tomar outras medidas. O verão estava chegando a passos largos, e meu 17º aniversário se aproximava com rapidez; depois desse dia, eu tinha jurado para mim mesmo que não estaria mais entre estudantes. Sendo dinheiro o que eu mais desejava, escrevi para uma mulher de alta posição social, que, embora também fosse muito jovem, conhecia-me desde quando eu era criança e havia me tratado com muita distinção recentemente, pedindo que ela me "emprestasse" cinco guinéus. Após uma semana, nenhuma resposta veio, e eu já começava a desanimar, quando, finalmente, um criado me entregou em mãos uma carta dobrada, com uma coroa no selo. A carta era delicada e amável; a querida autora estava no litoral, por isso, a demora; ela incluiu o dobro do que eu pedi e gentilmente sugeriu que eu nunca precisaria pagá-la, pois isso de forma alguma iria prejudicá-la. Assim, eu estava preparado para o meu plano: dez guinéus somados a cerca de dois que haviam sobrado da minha mesada me pareciam suficientes por um tempo indefinido e, naquela feliz idade, se nenhum limite definido puder ser estabelecido, o espírito da esperança e do prazer o torna virtualmente infinito.

É apenas uma observação do doutor Johnson (esta é bastante sensível, embora não se possa dizer isso de todas) o fato de que nunca podemos fazer nada conscientemente pela última vez (isto é, coisas que há muito tempo temos o hábito de fazer) sem tristeza no coração. Senti essa verdade profundamente quando tive de deixar Manchester, um lugar que não amei e onde não havia sido feliz. Na véspera de eu deixar a cidade para sempre, lamentei quando o velho e elevado teto da sala da escola ressoou com o serviço noturno, executado pela última vez aos meus ouvidos. E, durante a noite, quando a lista de nomes foi chamada e o meu (como de costume) foi chamado primeiro, dei um passo à frente e, passando pelo professor, que estava de pé, fiz uma reverência e olhei seriamente em seu rosto, pensando comigo mesmo "ele é velho e fraco, e neste mundo não devo vê-lo novamente". Eu estava certo: nunca mais o vi, nem verei. Ele me olhou complacentemente, sorriu com bondade, devolveu meu cumprimento (ou melhor, despedida) e nos separamos (embora ele não soubesse) para sempre. Eu não podia respeitá-lo intelectualmente, mas ele sempre havia sido gentil comigo e me concedido muitas indulgências — e lamentei ao pensar na angústia que poderia lhe causar.

A manhã chegou para me lançar ao mundo, e foi a partir dela que toda a minha vida subsequente tomou sua coloração. Eu me hospedava na casa do diretor, e me fora dado, desde minha primeira entrada, o privilégio de um quarto privativo, que usei tanto como quarto de dormir quanto como sala de estudos. Às três e meia, despertei e olhei com profunda emoção às antigas torres da --, "vestida com a luz matinal", começando a ficar púrpura com o brilho radiante de uma manhã de julho sem nuvens. Eu estava firme e irremovível no meu propósito, mas ao mesmo tempo agitado por prever certos perigos e problemas; e se pudesse ter previsto o furacão e a perfeita tempestade de aflição que logo se abateram sobre mim, teria ficado bastante inquieto. A essa inquietação a profunda paz da manhã se mostrou um contraste subjacente e, até certo ponto, um remédio. O silêncio era mais profundo do que o da meia-noite e, para mim, o silêncio de uma manhã de verão é mais comovente do que qualquer outro, porque, como a luz é ampla e forte, como aquela do meio-dia em outras estações do ano, ela parece diferir daquela de um dia perfeito, especialmente porque o homem ainda não está presente, assim, a paz da natureza e das criaturas inocentes de Deus parece estar segura e profunda, apenas enquanto a presença do homem, com seu espírito buliçoso e irrequieto, não está lá para perturbar sua santidade. Eu me vesti, peguei meu chapéu e luvas e fiquei ainda um pouco no quarto. Ao longo do último um ano e meio, esse quarto havia sido minha "fortaleza pensativa"; aqui eu havia lido e estudado noite adentro, embora fosse verdade que na última parte desse período eu, que fui concebido para o amor e afetos gentis, houvesse perdido minha vivacidade e alegria durante o atrito e o fervor da discórdia com meu guardião. Por outro lado, como um garoto tão apaixonado por livros e dedicado a conquistas intelectuais, fui capaz de aproveitar muitas horas felizes em meio ao desânimo geral. Chorei enquanto olhava em volta da cadeira, lareira, escrivaninha e outros objetos familiares, sabendo com bastante certeza de que eu os contemplava pela última vez. Eu escrevo sobre acontecimentos de 18 anos atrás e ainda hoje vejo nitidamente, como se fosse ontem, o traço e a expressão do objeto sobre o qual fixei meu olhar de despedida: era uma imagem da adorada --, que estava sobre a lareira; os olhos e a boca eram tão lindos e a feição toda tão radiante com benevolência e tranquilidade divina que mil vezes eu havia abaixado meu livro ou minha caneta para dessa imagem obter consolo, como um devoto de seu santo padroeiro. Enquanto eu a observava, os toques profundos do relógio de Manchester declararam que eram quatro horas. Fui até a imagem, beijei-a e delicadamente saí — e fechei a porta para sempre!

* * *

Momentos de riso e lágrimas estão tão misturados e entrelaçados nesta vida que eu não consigo me lembrar sem sorrir de um incidente que ocorreu naquela época, e que quase pôs um ponto final na execução imediata do meu plano. Eu tinha um baú de um peso tremendo, pois, além das minhas roupas, continha quase toda a minha biblioteca. A dificuldade era removê-lo para um veículo que o transportasse. Meu quarto ficava em um patamar bastante elevado da casa e (o que era pior) a escada, que se comunicava com esse ângulo do prédio, só era acessível por um corredor que passava pela porta do quarto do diretor. Todos os criados gostavam de mim e, sabendo que algum deles poderia me ver, confidencialmente comuniquei meu embaraço a um cavalariço do diretor. O cavalariço jurou que faria qualquer coisa que eu quisesse e, quando chegou a hora, subiu as escadas para trazer meu baú para baixo. Temi que esse feito estivesse além das forças de qualquer homem. No entanto, o cavalariço era um homem

*"De ombros atlânticos, prontos a suportar
O peso das mais poderosas monarquias".*[6]

E tinha as costas tão amplas quanto a Planície de Salisbury. Assim, ele insistiu em descer o baú sozinho, enquanto eu fiquei esperando no pé do último lance de escadas ansioso com o acontecimento. Por um tempo, eu o ouvi descendo a passos lentos e firmes, mas, infelizmente, com sua trepidação, conforme ele se aproximava do trecho perigoso, a poucos passos do corredor, o pé dele escorregou e o poderoso fardo, ao cair de seus ombros,

----

6 Versos do poema épico *Paraíso Perdido* do inglês John Milton (1608 – 1674), publicado em 1667. (N. da T.)

aumentou o ímpeto de cada passo da descida ao ponto de, ao chegar ao fim, ele rodopiar, ou melhor, saltar, como se fosse uma balbúrdia provocada por 20 demônios, bem em frente à porta do quarto do professor-chefe. Meu primeiro pensamento foi de que tudo estava perdido, e que minha única chance de executar uma saída era sacrificar minha bagagem. Entretanto, depois de refletir, fiquei determinado a aguentar a situação. O cavalariço estava completamente assustado, por ele mesmo e por mim, mas, ao contrário do esperado, com esse infeliz *contretemps*,[7] ele lançou mão da criatividade e começou a cantar uma música longa, alta, numa explosão melodiosa de risadas que poderia ter acordado os Sete Adormecidos.[8] Ao som dessa animação ressonante, mesmo ao alcance dos ouvidos da autoridade insultada, eu não resisti a cantar junto, dominado não tanto pelo infeliz *étourderie*[9] com o baú como pelo efeito que teve sobre o cavalariço.

Ambos esperamos que o doutor -- fosse irromper de seu quarto, pois, em geral, se escutasse um pio, colocar-se-ia em alerta como um mastim de canil. Nessa ocasião, no entanto, é estranho dizer, quando o barulho causado pela risada cessou, nenhum som, nem mesmo um farfalhar, foi ouvido no quarto. O doutor -- tinha uma queixa dolorosa de que, às vezes, ficava horas acordado, então, quando dormia, seu sono era mais profundo. Encontrando coragem no silêncio, o cavalariço içou o fardo novamente e completou o restante da descida sem qualquer acidente. Esperei até ver o baú posicionado em um carrinho de mão e no caminho para a transportadora. Então, "tendo a Providência

---

7 Francês: contratempo. (N. da T.)

8 Lenda cristã e islâmica sobre um grupo de sete jovens que se escondeu dentro de uma caverna perto da cidade de Éfeso para fugir de perseguidores romanos de cristãos e só saiu 300 anos depois. (N. da T.)

9 Francês: descuido. (N. da T.)

como guia", parti a pé — carregando um pequeno pacote com algumas peças de roupas sob o braço, um poeta favorito inglês em um bolso e um pequeno volume, contendo cerca de nove peças das *Eurípedes* de Canter, no outro.

Minha intenção original era me dirigir a Westmoreland, tanto pelo amor que eu nutria por aquele lugar como por questões pessoais. Um acidente, no entanto, conferiu uma direção diferente às minhas andanças, e eu desviei meus passou para o norte do País de Gales.

Após perambular por algum tempo em Denbighshire, Merionethshire e Caernarvonshire, consegui acomodação em uma pequena e arrumada casa em B--. Aqui eu fiquei em conforto por muitas semanas, pois as provisões eram baratas, em virtude da escassez de outros mercados para a produção excedente de um vasto distrito agrícola. Entretanto, um acidente, talvez não intencional, me fez sair a vagar novamente. Não sei se meu leitor observou, mas eu sempre observei que a classe de pessoas mais orgulhosas da Inglaterra (ou naquela em que o orgulho é mais aparente) são as famílias de bispos. Os nobres, e os filhos destes, carregam com eles, justamente nos próprios títulos, uma notificação suficiente de sua posição. Não, seus próprios nomes (e isso se aplica aos filhos de muitas casas sem títulos) são com frequência, ao ouvido inglês, expoentes adequados de nascimento ou origem elevada. Sackville, Manners, Fitzroy, Paulet, Cavendish e muitos outros demonstram isso claramente. Tais pessoas, portanto, encontram em qualquer lugar um devido senso de suas reivindicações já estabelecidas, exceto entre aqueles que são ignorantes do mundo, em razão da própria obscuridade: "Não os conhecer, demonstra o eu desconhecido de alguém". Seus modos adquirem tom e nuance adequados e, uma vez que eles julgam necessário imprimir um sentido para suas consequências sobre os outros, deparam-se com mil ocasiões para moderar e atenuar esse sentido por meio de atos de condescendência cordial. Com as famílias de bispos é o contrário: com elas é sempre um trabalho árduo tornar suas pretensões conhecidas, pois a proporção de tronos episcopais, tomados de famílias nobres, não é muito grande, e a sucessão dessas honras é tão rápida que o ouvido público raramente tem tempo de se familiarizar com elas, a não ser onde estão associadas a alguma reputação literária. Consequentemente, os filhos de bispos carregam com eles um ar austero e repulsivo, indicativo de reivindicações geralmente não reconhecidas, uma maneira meio *noli me tangere*,[10] nervosamente apreensiva quanto a uma aproximação familiar demais e que recua, com a sensibilidade de um homem com gota, de todo contato com o povo. Sem dúvida, uma compreensão poderosa, ou uma bondade incomum da natureza, preservará um homem de tal fraqueza, mas, em geral, a verdade da minha representação será reconhecida; o orgulho, se não tiver uma raiz mais profunda em tais famílias, pelo menos aparece mais na superfície de seus modos. Esse espírito de bons modos se comunica naturalmente a seus criados e outros dependentes. Então, minha senhoria fora aia de uma dama, ou uma babá, na família do bispo de B--, mas acabou se casando e se firmou (como as pessoas dizem) na vida. Em uma cidade pequena como B--, só o fato de ter vivido na família de um bispo conferia alguma distinção; e a minha boa senhoria teve mais do que a cota dela desse orgulho que eu pude notar. O que "meu senhor" dizia, e o que "meu senhor" fazia, quão útil ele era no parlamento e quão indispensável em Oxford,

---

10 Latim: não me toque. (N. da T.)

essas frases formavam o fardo diário da conversa com ela. Tudo isso eu suportava muito bem, pois era bondoso o bastante para não rir da cara de ninguém e conseguia dar um belo desconto para a loquacidade de uma velha criada. No entanto, aos olhos dela eu não devo ter parecido nada impressionado com a importância do bispo; e, talvez, para me punir por minha indiferença, ou possivelmente por acidente, um dia ela repetiu para mim uma conversa na qual eu indiretamente era parte interessada. Ela havia ido ao palácio para honrar a família e, após terminada a refeição, foi chamada à sala de jantar. Ao prestar contas das economias domésticas, ela acabara mencionando que tinha alugado seus cômodos. Ao que o bom bispo (é o que pareceu) aproveitou a ocasião para aconselhá-la na seleção dos ocupantes: "pois", ele disse, "você deve se lembrar, Betty, que este lugar fica na avenida principal para o centro, portanto, multidões de vigaristas irlandeses fogem de suas dívidas em direção à Inglaterra e multidões de vigaristas ingleses fogem de suas dívidas com destino à Ilha de Man, e é provável que sua casa esteja no caminho". Esse conselho certamente tinha fundamento, mas ficou mais bem armazenado nas meditações privadas da senhora Betty em vez de ser especialmente reportado a mim. O que se seguiu, todavia, foi algo pior: — "Ai, meu senhor", respondeu minha senhoria (de acordo com sua própria interpretação da questão), "eu não considero que esse jovem cavalheiro seja um vigarista, porque...". "A senhora não me considera um vigarista?", eu disse, interrompendo-a, num tumulto de indignação, "pois então vou poupá-la de pensar sobre isso". E sem demora preparei minha partida. A boa mulher pareceu disposta a fazer algumas concessões, mas uma expressão rude e desdenhosa, que temi ter aplicado ao culto dignitário, despertou-lhe a indignação, e a reconciliação, assim, tornou-se impossível. Eu estava realmente muito irritado pelo fato de o bispo ter sugerido motivos para suspeita, por mais remota que fosse, contra uma pessoa que ele nunca havia visto; e pensei em deixá-lo a par da minha opinião utilizando a língua grega, que, ao mesmo tempo que proporcionaria alguma suposição de que eu não era nenhum vigarista, também iria (assim eu esperava) compelir o bispo a responder na mesma língua — neste caso, eu hesitei para não fazer parecer que se eu não era tão rico quanto seu senhorio, era muito melhor em grego. Pensamentos mais tranquilos, no entanto, tiraram esses planos infantis da minha cabeça, pois eu considerei que o bispo tinha o direito de aconselhar a velha criada, que ele poderia não ter planejado que seu conselho fosse reportado a mim e que a mesma rigidez mental que levou a senhora Betty a repetir o conselho poderia tê-lo colorido de forma a se adequar mais ao próprio estilo dela de pensar do que às expressões que o valoroso bispo de fato havia usado.

Deixei as acomodações na mesmíssima hora, e isso acabou se provando um fato desafortunado para mim, porque, dali em diante vivendo em hospedarias, meu dinheiro se esgotou rapidamente. Em 15 dias fiquei reduzido a uma cota muito baixa, isto é, eu poderia me permitir apenas uma refeição por dia. Do ávido apetite resultante de constante exercício e do ar da montanha agindo sobre um jovem estômago, logo comecei a sofrer enormemente desse parco regime, pois a única refeição que eu podia me aventurar a pedir era café ou chá. Mesmo isso, entretanto, foi no final retirado e, depois, enquanto eu fiquei no País de Gales, sobrevivi de amoras e frutos silvestres ou da casual hospitalidade que recebia aqui e ali em troca de pequenos serviços quando eu tinha a oportunidade de fazer algum. Às vezes, eu escrevia cartas comerciais para os moradores locais que, porventura, tinham parentes em Liverpool ou Londres; com mais frequência escrevia cartas de amor para namorados de moças que haviam morado como criadas em Shrewsbury ou outras cidades na fronteira com a Inglaterra. Em todas essas ocasiões, eu demonstrava grande satisfação a meus humildes amigos e geralmente era tratado com hospitalidade. Uma vez em particular, próximo da vila de Llan-y-styndw (ou algo parecido), numa parte isolada de Merionethshire, fui hospedado por mais de três dias por uma família de pessoas jovens, com uma gentileza afetuosa e fraternal que deixou uma impressão no meu coração que ainda não foi superada. A família consistia, naquela época, de quatro irmãs e três irmãos, todos adultos e notáveis pela elegância e delicadeza dos modos. Tanta beleza, tanto refinamento e educação inata não me lembro de ter visto antes ou desde então em nenhuma casa de campo, exceto uma ou duas vezes em Westmoreland e Devonshire. Eles falavam inglês, um feito nem sempre alcançado por tantos membros de uma família, especialmente em vilas distantes das rodovias principais. Aqui, como minha primeira tarefa, eu escrevi uma carta sobre um prêmio em dinheiro para um dos irmãos, que havia servido a bordo de um navio de guerra inglês, e, mais confidencialmente, duas cartas de amor para duas das irmãs. Ambas tinham aparência interessante, e uma delas dispunha de uma graça incomum. No meio da confusão e da vergonha delas, enquanto ditavam, ou melhor, enquanto me forneciam instruções gerais, não era exigida grande argúcia para descobrir que o que elas desejavam era que as cartas fossem tão afetuosas quando permitia seu orgulho de donzela. Então me esforcei para atenuar minhas expressões de forma a conciliar e satisfazer ambos os sentimentos, e elas ficaram ao mesmo tempo satisfeitas com a forma como eu havia os expressado e, em sua simplicidade, espantadas com o fato de eu ter tão prontamente os descoberto. A receptividade que alguém encontra das mulheres de uma família geralmente determina o teor de toda a acolhida. Nesse caso, eu apurei tanto minhas obrigações confidenciais como secretário para a satisfação geral, talvez também os divertindo com minha conversa, que fui pressionado a ficar por uma cordialidade que me deixou pouco inclinado a resistir. Eu dormia com os irmãos, sendo que a única cama desocupada que existia ficava nos aposentos das moças, mas em todos os outros aspectos eles me tratavam com um respeito que geralmente não se via ser dedicado a bolsos tão vazios quanto os meus — como se minha escolaridade fosse prova suficiente de que eu era de "sangue bom". Assim eu vivi com eles por três dias e uma boa parte do quarto, e, se dependesse da bondade inalterada que eles continuaram a demonstrar, acredito que teria ficado com eles até hoje, caso o poder deles correspondesse aos desejos. Na última manhã, no entanto, percebi no semblante deles, enquanto se sentavam para tomar o café da manhã, a expressão de alguma comunicação indesejada que estava em vias de ser feita, e logo um dos irmãos me explicou que, no dia anterior à minha chegada, os pais deles haviam saído para um encontro anual de metodistas que acontecia em Caenarvon, e seu retorno era aguardado para aquele dia; da forma mais educada que pôde, implorou, em nome de todos os jovens, que eu não entendesse mal. Os pais regressaram, com feições indelicadas, e *"dym sassenach"* (nenhuma palavra de inglês), em resposta a todas as minhas saudações. Vi como a situação se configurou e, então, despedi-me afetuosamente dos meus anfitriões e parti. Pois, embora eles tenham falado calorosamente a meu favor aos pais, e sempre se desculpando pelos modos dos velhos, dizendo que "era só o jeito deles", eu facilmente entendi que meu talento para escrever cartas de amor faria pouco por mim com esses dois sérios sexagenários metodistas galeses, assim como meu grego sáfico ou meu alcaico; e o que havia sido hospitalidade, quando oferecida a mim com graciosa gentileza por parte de meus jovens amigos, tornar-se-ia caridade quando relacionada à atitude grosseira dessas pessoas idosas. Certamente, o senhor Shelley está correto quanto a suas opiniões sobre a idade avançada: a não ser que ela seja poderosamente neutralizada por todos os tipos de atividades opostas, é uma corruptora e arruinadora da boa vontade do coração humano.

Logo após, eu tramei, por meios que devo omitir por necessidade de espaço, transferir-me para Londres. E agora começa o mais recente e feroz estágio da minha longa pena — sem usar um termo desproporcional, é como posso me referir a minha agonia. Pois, então, sofri por 16 semanas a angústia física da fome em vários graus de intensidade, de forma tão amarga que talvez nenhum ser humano sobrevivente a isso tenha sofrido. Eu não perturbaria desnecessariamente os sentimentos do meu leitor com detalhes de tudo o que suportei, pois extremos como esses, sob quaisquer circunstâncias da mais pesada má conduta ou da culpa, não podem ser contemplados, mesmo em descrição, sem uma triste compaixão dolorosa à bondade natural do coração humano. Já basta dizer, pelo menos nessa ocasião, que umas poucas migalhas de pão da mesa do café de um indivíduo (que supôs que eu estava doente, mas não sabia que eu estava em total privação), e isso em intervalos irregulares, constituíam todo o meu sustento. Durante a primeira fase dos meus sofrimentos (isto é, a maior parte no País de Gales e os primeiros dois meses em Londres), eu não tinha onde morar, e muito raramente dormia sob um teto. Eu atribuo principalmente a essa constante exposição ao ar livre o fato de não ter sucumbido aos meus tormentos. Nos últimos tempos, entretanto, quando um clima mais frio e mais inclemente chegou, e quando, pela duração dos meus sofrimentos, eu havia começado a ceder a um estado mais angustiante, foi, sem dúvida, favorável para mim que o mesmo indivíduo a cuja mesa de café da manhã eu tinha acesso me permitisse dormir em uma grande casa desocupada, da qual era locatário. Eu digo desocupada pois não havia nenhuma família nem nenhum negócio nela; nem qualquer mobília, de fato, exceto por uma mesa e algumas cadeiras. Mas descobri, ao me instalar nos meus novos aposentos, que a casa já continha uma habitante, uma pobre criança sem amigos, aparentemente, de 10 anos, mas ela parecia tomada pela fome, e sofrimentos desse tipo sempre fazem as crianças parecerem mais velhas do que são. Dessa criança desesperada eu soube que havia dormido e morado lá sozinha por algum tempo antes que eu chegasse, e a pobre criatura expressou grande alegria quando soube que eu seria sua companhia durante as horas de escuridão. A casa era grande e, pela escassez de móveis, o barulho das ratazanas fazia um eco prodigioso no espaçoso vestíbulo e na escada; e, entre as doenças reais causadas pelo frio, e, receio, pela fome, a criança abandonada encontrou tempo disponível para sofrer ainda mais (me pareceu) com fantasmas que ela mesma criou. Prometi a ela proteção contra todo e qualquer fantasma, mas, coitadinha, eu não podia lhe oferecer nenhuma outra assistência. Deitamo-nos no chão, com um monte de malditos papéis de contratos como travesseiros, mas nenhum outro tipo de cobertor exceto uma espécie de grande manto de cavaleiro. Depois, entretanto, descobrimos no sótão uma velha capa de sofá, um pedaço pequeno de tapete e alguns fragmentos de outros itens, o que ajudou um pouco a nos aquecer. A pobre criança se arrastou para perto de mim em busca de calor e para se proteger de seus inimigos fantasmagóricos. Quando não estava me sentindo tão enfermo, eu a pegava em meus braços, de forma que, em geral, ela ficava razoavelmente aquecida, e com frequência dormia quando eu não conseguia, pois, nos últimos dois meses dos meus sofrimentos, dormi muito durante o dia e tendia a cair em cochilos passageiros a qualquer hora. Mas meu sono me angustiava mais do que minha vigília, já que, além dos sonhos tumultuosos (que só não eram tão terríveis quanto aqueles que devo descrever em breve produzidos pelo ópio), meu sono nunca passava do que era chamado de "falso-sono", de modo que eu conseguia me ouvir gemendo e era sempre, como me parecia, acordado de repente por minha própria voz. Por volta dessa época, uma sensação horrível começou a me assombrar assim que eu adormecia, que vinha, desde então, voltando em diferentes momentos da minha vida — em outras palavras, uma espécie de espasmo (não sei onde, mas aparentemente na região do estômago) que me compelia violentamente a esticar os pés para aliviar. Com essa sensação aparecendo assim que eu adormecia e o esforço para aliviá-la constantemente me despertando, finalmente eu dormia simplesmente de exaustão e, em decorrência do crescente cansaço, (como eu disse antes) eu estava constantemente adormecendo e constantemente despertando. Enquanto isso, o dono da casa às vezes aparecia de repente, muito cedo, às vezes não antes das dez da manhã, às vezes antes disso. Ele vivia com medo de oficiais de Justiça — melhorando o plano de Cromwell, cada noite ele dormia em um aposento diferente de Londres, e eu observava que ele nunca deixava de examinar, por uma janela particular, a aparência dos que batiam à porta antes de permitir que ela fosse aberta. Ele tomava café da manhã sozinho; na verdade, seu aparato para o chá mal admitiria que arriscasse convidar uma segunda pessoa — em geral, nada mais era do que um bolinho ou alguns biscoitos que ele havia comprado no caminho do local onde havia dormido. Durante seu café da manhã, eu geralmente tramava uma maneira de parecer relaxado e, com o maior ar de indiferença que poderia assumir, recolhia algumas migalhas que ele havia deixado — às vezes, na verdade, não havia nenhuma. Fazendo isso, eu não cometia nenhum roubo, exceto sobre o homem em si, que ficava, assim, obrigado (eu acreditava) a de vez em quando no meio do dia mandar buscarem mais biscoitos. Quanto à pobre criança, ela nunca era admitida no escritório (se é que assim posso chamar o depositório dele de pergaminhos, contratos etc.); aquele recinto era para ela o pirata Barba-Azul, permanecendo constantemente trancado quando ele saía para jantar, por volta das seis horas, que geralmente era sua última saída da noite. Se essa criança era uma filha ilegítima do senhor -- ou apenas uma criada, não pude ter certeza; ela mesma não sabia, mas certamente era tratada totalmente como empregada doméstica. Assim que o senhor -- aparecia, ela descia as escadas, escovava os sapatos dele, casaco etc., e, a não ser quando era convocada para tratar de alguma incumbência, nunca saía do tenebroso Tártaro que era a cozinha para o ar superior antes que eu desse uma batida amistosa na porta da frente avisando que ela podia aparecer lá com seus passos trêmulos. Eu sabia pouco, no entanto, de sua vida diurna, além do que conseguia captar de seus relatos durante a noite, pois, assim que começava o horário comercial, percebia que minha ausência seria aceitável e, em geral, portanto, eu saía e ficava sentado nos parques ou em qualquer outro lugar até o cair da noite.

Mas quem era o dono da casa? Leitor, ele era um daqueles funcionários anômalos dos baixos escalões da lei, que — como posso dizer? — por razões prudentes, ou necessidade, negam-se todas as indulgências na opulência de uma consciência delicada demais (uma perífrase que pode ser consideravelmente resumida, mas que eu deixo ao gosto do leitor): em diversos modos de vida a consciência é um ônus mais dispendioso do que uma esposa ou uma carruagem e, assim como as pessoas falam sobre "assentar" suas carruagens, suponho que meu amigo senhor -- tenha "assentado" a consciência por um tempo, pretendendo, sem dúvida, retomá-la assim que pudesse. A economia interna da vida diária de um homem como ele se mostraria algo muito estranho, se eu pudesse me permitir divertir o leitor à custa dele. Mesmo com minhas oportunidades limitadas de observar o que se seguiu, vi muitas cenas de intrigas de Londres e tramas complexas, "ciclo e epiciclo; orbe em orbe", ao que, hoje, eu às vezes ainda sorrio — e ao que eu sorri naquela época, apesar da minha desgraça. Minha situação naqueles tempos, entretanto, dava-me pouca experiência para detectar qualidades na natureza do senhor -- além daquelas que o tornavam respeitável; e de todo esse estranho quadro devo esquecer tudo, exceto que comigo ele era prestativo e, até onde o poder dele alcançava, generoso.

Aquele poder não era, na verdade, muito extenso. No entanto, eu tinha em comum com as ratazanas o fato de que não pagava aluguel e, como o doutor Johnson registrou, exceto por uma vez na vida, ele tivera acesso a tanta fruta quanto podia comer, portanto, deixe-me ser grato ao fato de que foi a única ocasião em que eu tinha uma opção de acomodação em Londres tão grande quanto podia desejar. Com exceção do quarto do Barba-Azul, que a pobre criança acreditava ser assombrado, todos os outros, do sótão ao porão, estavam à nossa disposição; "o mundo estava diante de nós", e montávamos acampamento para repousar à noite em qualquer lugar que quiséssemos. Essa casa que eu já descrevi como grande, ela está em uma situação conspícua e em uma região bem conhecida de Londres. Muitos dos meus leitores podem já ter passado por ela, não tenho dúvidas, depois de poucas horas de terem lido isto. Quanto a mim, nunca deixo de visitá-la quando os negócios me levam a Londres; por volta de dez horas desta noite, 15 de agosto de 1821 — meu aniversário — virei de lado durante meu passeio pela Oxford Street com o propósito de dar uma olhada nela. Agora está ocupada por uma família respeitável, e pelas luzes na sala de visitas da frente, observei um grupo familiar, talvez reunido para o chá, e aparentemente animado e alegre. Um maravilhoso contraste, a meus olhos, à escuridão, ao frio, ao silêncio e à desolação daquela mesma casa 18 anos atrás, quando seus ocupantes noturnos eram um acadêmico faminto e uma criança abandonada — aliás, nos anos seguintes, esforcei-me, em vão, para localizá-la. Além da situação em que estava, ela não era o que se podia chamar de criança interessante: não era nem bonita, nem perspicaz, nem notavelmente agradável nos modos. Mas, graças a Deus, mesmo naqueles anos não era necessária a ornamentação de novos acessórios para ganhar minha afeição: a simples natureza humana em sua indumentária mais rústica e humilde era suficiente para mim, e eu adorava a criança porque ela era minha parceira de infortúnio. Se ela estiver viva, provavelmente é mãe, com seus próprios filhos, mas, como eu disse, nunca pude encontrá-la.

Disso eu me arrependo, mas havia outra pessoa naquela época que eu tentei desde então encontrar com seriedade bem mais profunda, e com mágoa bem mais profunda também por ter falhado. Essa pessoa era uma moça, e uma daquela infeliz classe que sobrevive dos ganhos da prostituição. Não tenho vergonha, nem tenho qualquer motivo para senti-la, em confessar que tinha uma ligação íntima e amigável com muitas mulheres nessa condição lamentável. O leitor não precisa nem sorrir a essa declaração, nem fazer cara feia, pois, sem querer lembrá-los do velho provérbio em latim, *sine cerere et baccho*,[11] pode-se muito bem supor que, pelo estado do meu bolso, minha ligação com tais mulheres não poderia ter sido impura. Mas a verdade é que em nenhum momento da minha vida fui uma pessoa de me deixar contaminar pelo toque ou proximidade de qualquer criatura que tivesse forma humana. Pelo contrário, desde minha juventude foi meu orgulho conversar com familiaridade, socraticamente, com todos os seres humanos, homem, mulher e criança, que a sorte coloque à minha frente — uma prática que é favorável ao conhecimento da natureza humana, a bons sentimentos e à franqueza no modo de falar que toma um homem que se pensaria ser filósofo. Um filósofo não deveria ver com os olhos da pobre criatura limitada que se diz um homem do mundo, mas está repleto de preconceitos mesquinhos e egoístas, baseados em seus referenciais de nascimento e educação, e sim se enxergar como uma criatura católica e em pé de igualdade com as pessoas de níveis mais altos e mais baixos — com ou sem instrução, culpadas ou inocentes. Sendo eu mesmo na época da necessidade um peripatético, ou um caminhante das ruas, naturalmente me relacionei melhor com aquelas mulheres peripatéticas que são tecnicamente chamadas de caminhantes das ruas. Muitas dessas mulheres ocasionalmente tinham tomado meu partido diante de vigias que desejavam me afastar dos degraus das casas em que eu estava sentado. Mas, uma entre elas, aquela pela qual comecei esse assunto – ó, não! Não me deixe julgá-la, nobre Ann, com aquele tipo de mulheres; encontrarei, se possível, algum nome mais gentil para designar sua condição –, para quem generosidade e compaixão, servindo

---

11 Latim: sem comida e bebida. (N. da T.)

às minhas necessidades quando todos tinham me abandonado, devo a isso estar vivo hoje. Eu havia caminhado durante as noites por muitas semanas com essa pobre moça sem amigas para cima e para baixo da Oxford Street e havia descansado com ela nos degraus e sob o abrigo de pórticos. Ela não era mais velha do que eu; disse-me, na verdade, que não tinha completado 16 anos ainda. Por meio de algumas perguntas conforme meu interesse sobre ela me impelia, fui gradualmente desvendando sua simples história. O caso dela era de ocorrência ordinária (como desde então tive motivo para considerar) e era de um tipo que, se a beneficência de Londres tivesse melhor se adaptado para atender, o poder da lei deveria com mais frequência se impor para proteger e vingar. Mas o fluxo da caridade em Londres vai por um canal que, embora profundo e poderoso, ainda é silencioso e subterrâneo; nem obviamente nem prontamente acessível a andarilhos pobres e sem teto, e não se pode negar que o ar fresco e a estrutura da sociedade londrina são árduos, cruéis e repulsivos. De qualquer forma, no entanto, vi que parte dos machucados dela havia sido reparada; eu a instiguei com frequência e seriedade para fazer uma reclamação formal perante um juiz; sem amigos como ela estava, eu lhe garanti que receberia atenção imediata e que a Justiça inglesa, que não respeitava muito as pessoas, iria vingá-la rápida e amplamente pelo brutal rufião que havia pilhado seus pequenos pertences. Ela sempre prometia que iria, mas adiava dar os passos que eu apontava de tempos em tempos, pois era tímida e desalentada a tal ponto que mostrava com que profundidade a tristeza havia tomado seu jovem coração; e talvez ela apenas pensasse que o mais correto dos juízes e o mais justo dos tribunais nada poderiam fazer para reparar seus erros mais graves. Algo, no entanto, teria talvez sido feito, pois havíamos combinado, no encontro que depois soube ter sido o último, que dentro de um ou dois dias iríamos juntos a um juiz e eu falaria por ela. Estava destinado, todavia, que essa pequena tarefa eu não realizaria. Enquanto isso, o que ela me deu, e era mais do que eu jamais poderia pagar de volta, foi isso: uma noite, quando estávamos caminhando lentamente pela Oxford Street, e depois de um dia em que havia me sentido mais enfermo e fraco do que de costume, eu pedi a ela que virasse na Soho Square comigo. Para lá fomos, nos sentamos nos degraus de uma casa da qual até hoje eu não passo em frente sem sentir uma pontada de sofrimento, nem sem prestar uma homenagem silenciosa ao espírito daquela moça infeliz, em memória à ação nobre que lá ela desempenhou. Subitamente, enquanto estávamos sentados, fiquei muito pior; tinha a cabeça encostada no peito dela e, de repente, escapei dos seus braços e caí de costas nos degraus. Pelas sensações que tive ali, fiquei do fundo do coração convicto de que, sem um estímulo poderoso e revigorante, eu teria ou morrido na hora ou, no mínimo, sucumbido ao ponto de uma exaustão da qual, sem amigos como estava, haveria pouca esperança de me reerguer. Então aconteceu, nesse momento de crise do meu destino, que minha pobre companheira, que não tivera nada além de sofrimentos nesse mundo, estendeu-se uma mão salvadora. Emitindo um grito de terror, porém, sem pestanejar por um segundo, ela correu para a Oxford Street, e em menos tempo do que poderia ser imaginado, trouxe-me um copo de vinho do porto com ervas que agiu sobre meu estômago vazio (que naquele momento rejeitaria qualquer comida sólida) com um poder instantâneo de restauração, e por esse copo a generosa moça pagou do próprio bolso sem titubear — que isso seja lembrado! — quando mal tinha meios de adquirir as necessidades mais básicas da vida e quando não tinha nenhum motivo para esperar que um dia eu fosse reembolsá-la. Ah, jovem benfeitora! Com que frequência nos anos seguintes, em locais solitários, pensando em você com pesar no coração e amor perfeito, com que frequência desejei que, como nos tempos antigos se acreditava que a maldição de um pai tinha um poder sobrenatural e se perseguia seu objetivo com uma necessidade fatal de autorrealização — mesmo a bênção de um coração oprimido com a gratidão deve ter uma prerrogativa parecida, deve ter um poder superior para buscar, para caçar, para atacar de surpresa, para apanhar, para perseguir-te na escuridão central de um bordel em Londres ou (se fosse possível) na escuridão de um túmulo, para despertar-te com uma mensagem autêntica de paz e perdão, e de reconciliação final!

Nem sempre eu choro, pois nem meus pensamentos em assuntos conectados com os interesses principais do homem, nem a cada dia, nem a cada hora, descem mil braças "profundas o suficiente para lágrimas"; nem a severidade dos meus hábitos de pensamento apresenta um antagonismo aos sentimentos que incitam lágrimas — carente de necessidade àqueles que, geralmente protegidos de qualquer tendência à tristeza contemplativa por sua superficialidade, seriam incapazes, pela mesma superficialidade, de resistir a qualquer acesso casual a esses sentimentos — como também acredito que todas as mentes que já contemplaram esses objetivos tão profundamente quanto eu, para se manter protegidas da completa prostração, devem ter cedo encorajado e nutrido alguma crença tranquilizante quanto a futuros equilíbrios e os significados hieroglíficos dos sofrimentos humanos. Por causa disso, estou feliz até hoje e, como eu disse, nem sempre choro. Embora alguns sentimentos, mesmo não tão profundos nem apaixonados, sejam mais ternos do que outros; e, frequentemente, quando caminho nesse horário pela Oxford Street debaixo da onírica luz dos postes e ouço aquelas árias tocadas em um órgão que anos atrás consolou a mim e à minha querida companheira (como sempre devo chamá-la), eu derramo lágrimas e reflito sobre a misteriosa derrogação que tão repentina e criticamente nos separou para sempre. Como isso aconteceu o leitor entenderá do que restar desta narrativa introdutória.

Logo após o período do último incidente que registrei, conheci, em Albemarle Street, um cavalheiro da residência real. Esse cavalheiro havia sido hospedado pela minha família em diferentes ocasiões e me reconheceu em virtude da grande semelhança entre os membros da minha família. Não tentei disfarçar; respondi suas perguntas habilidosamente e, quando ele me deu a palavra de que não me trairia me entregando aos meus guardiões, dei-lhe o endereço do meu amigo advogado. No dia seguinte, recebi dele uma nota de dez libras. A carta que a continha foi entregue com outras cartas de negócios para o advogado, que, embora aparentasse suspeitar de seu conteúdo, entregou-a a mim honrosamente e sem vacilo.

Esse presente, do serviço específico a que foi aplicado, leva-me naturalmente a falar do propósito que me atraiu a Londres, e que eu vinha (para usar uma palavra forense) pleiteando desde o primeiro dia da minha chegada a Londres até o dia da minha partida.

Em um mundo tão grandioso como a capital inglesa, surpreenderá meus leitores que eu não tenha encontrado alguns meios de afugentar os últimos extremos de penúria; e os espantará que dois recursos, no mínimo, devem ter estado disponíveis para mim — isto é, procurar assistência de amigos da minha família ou reverter meus talentos juvenis e meu alcance em um canal de recompensa pecuniária. Quanto à primeira opção, devo observar no geral que o que eu temia mais do que qualquer demônio era a possibilidade de ser convocado por meus guardiões, não duvidando de que, independentemente do poder que a lei lhes tivesse dado, ele seria usado contra mim ao máximo, isto é, o máximo que fosse necessário para me levar de volta à escola que eu havia abandonado — uma reparação que, sendo aos meus olhos desonrosa mesmo que eu me submetesse voluntariamente, se extraída de mim em forma de desprezo e provocação dos meus próprios desejos e esforços, não deixaria de ser uma humilhação pior do que a morte. Fiquei, portanto, tímido o suficiente para pedir ajuda mesmo onde eu tinha certeza de consegui-la — com risco de fornecer a meus guardiões qualquer pista que me rastreasse. Mas, quanto a Londres especificamente, com exceção de uma vez em que havia estado ali por poucas horas, eu não sabia nem o endereço daqueles poucos amigos que meu pai fizera. Essa forma de obter ajuda, portanto, em parte pela dificuldade, mas muito mais pelo medo supremo que mencionei, com frequência me deixava indisposto. No que tange a outra forma, sinto-me agora meio inclinado a me juntar ao leitor e imaginar que eu a deveria ter ignorado. Como revisor de livros em grego (se não de outra forma), eu poderia, sem dúvida, ganhar o suficiente para minhas parcas necessidades. Um ofício como esse eu poderia ter realizado com uma precisão exemplar e pontual que logo iria me ajudar a ganhar a confiança dos meus empregadores. Mas não se deve esquecer que, mesmo para um ofício como esse, era necessário que eu, antes de tudo, fosse apresentado a algum editor, e isso eu não tinha como conseguir. Para dizer a verdade, todavia, nem uma vez me ocorreu pensar em trabalhos literários como fonte de renda. Nenhuma maneira suficientemente rápida de ganhar dinheiro jamais tinha me ocorrido além de pedir emprestado confiando em futuros créditos e expectativas. Essa maneira eu busquei por todas as avenidas pelas quais passei, e dentre todas as pessoas eu recorri a um judeu chamado D--.

Para esse judeu, e para outros que emprestavam dinheiro declaradamente (alguns dos quais, acredito, também judeus), eu havia me apresentado com um relato das minhas expectativas. Esse relato, ao examinar o testamento de meu pai no Doctors' Commons, eles puderam garantir que estava correto. A pessoa lá mencionada como sendo o segundo filho de -- tinha todos os créditos (ou mais do que todos) que eu havia declarado; mas ainda restava uma dúvida, que os rostos dos judeus sugeriam expressivamente: era mesmo eu aquela pessoa? Nunca me ocorreu que essa dúvida seria possível; por outro lado, eu temia, sempre que meus amigos judeus me esquadrinhavam, que eu fosse conhecido demais para ser aquela pessoa e que alguma trama estivesse passando pela cabeça deles para me apanhar e me entregar aos meus guardiões. Era estranho encontrar meu próprio eu *materialiter*[12] (assim eu o expressava, pois tinha um fraco pela lógica precisão das distinções) acusado, ou ao menos suspeito, de falsificar a mim mesmo, *formaliter*[13] considerado. Entretanto, para satisfazer suas inquietações, tomei o único curso que estava em minhas mãos. Enquanto estava no País de Gales, havia recebido várias cartas de jovens amigos; estas eu apresentei, pois as carregava constantemente no meu bolso, sendo, de fato, nessa época, os únicos vestígios dos meus pertences pessoais (exceto as roupas que eu usava) dos quais de um jeito ou de outro não me desfiz. A maioria dessas cartas era do Conde de --, que, naquela época, era meu principal (se não o único) amigo confidente. Essas cartas eram da época que estudei em Eton. Tinha também algumas da Marquesa de --, cujo pai, embora absorvido em passatempos

---

12 Latim: materialmente. (N. da T.)
13 Latim: formalmente. (N. da T.)

agrícolas, sendo ele mesmo egresso de Eton, e um aluno tão bom quanto um nobre precisa ser, ainda mantinha afeição pelos estudos clássicos e por jovens estudantes. Na época em que nos correspondemos, eu tinha 15 anos; às vezes, tratávamos das grandes melhorias que ele tinha feito, ou estava planejando, nos condados de M-- e S-- desde que eu estivera lá; às vezes, sobre os méritos de um poeta latino; e, outras vezes, sugerindo assuntos para mim sobre os quais desejava que eu escrevesse versos.

Ao ler as cartas, um dos meus amigos judeus concordou em me fornecer 200 ou 300 libras para minha tranquilidade pessoal — desde que eu pudesse persuadir o jovem conde, que não era, aliás, mais velho do que eu, a garantir o pagamento quando atingíssemos a maturidade; o objetivo final do judeu era, como agora suponho, não o insignificante lucro que poderia ganhar em cima de mim, e sim a esperança de estabelecer uma conexão com meu nobre amigo, cujas imensas expectativas eram bem conhecidas para ele. Em prosseguimento a essa proposta da parte do judeu, cerca de oito ou nove dias depois de eu ter recebido as dez libras, preparei-me para ir até Eton. Quase três libras do dinheiro eu havia dado ao meu amigo agiota, já que ele alegava que os selos tinham de ser comprados, a fim de que os escritos pudessem ser preparados enquanto eu estivesse fora de Londres. Pensei com o meu coração que ele estava mentindo, mas não desejava dar a ele qualquer desculpa para me cobrar seus atrasos. Uma quantia menor eu havia dado ao meu amigo advogado (que estava ligado aos agiotas como advogado deles), à qual, na verdade, ele tinha direito por suas acomodações desguarnecidas. Cerca de 15 xelins eu havia empregado em restabelecer (embora de modo muito humilde) minhas vestimentas. Do que restou eu dei um quarto para Ann, pretendendo dividir com ela o que quer que sobrasse na minha volta. Feitos esses arranjos, logo após seis horas, em uma escura noite de inverno, parti, acompanhado de Ann, em direção a Piccadilly, pois era minha intenção descer até Salt Hill na diligência de Bath ou Bristol. O caminho passava por uma parte da cidade que agora desapareceu totalmente, de modo que não mais posso reconstruir suas antigas fronteiras — Swallow Street, acho que era como a chamavam. Com bastante tempo diante de nós, no entanto, viramos à esquerda até chegar à Golden Square, onde, perto da Sherrard Street, nos sentamos, não desejando nos separar no tumulto e esplendor de Piccadilly. Eu havia contado a ela sobre meus planos em algum momento e agora lhe assegurava que ela dividiria comigo minha boa sorte, se tivesse alguma, e que nunca iria abandoná-la, contanto que tivesse condições de protegê-la. Isso eu sinceramente pretendia, tanto por inclinação como por um senso de obrigação, pois, além de me sentir eternamente grato a ela, amava-a com muito afeto, como se fosse minha irmã, e nesse momento com ternura sete vezes maior por pena de testemunhar seu extremo desalento. Aparentemente, eu tinha mais motivos para o desalento, porque estava abandonando a salvadora da minha vida, embora, considerando o choque que minha saúde havia sofrido, eu estivesse alegre e cheio de esperança. Ela, ao contrário, que estava se separando daquele que tinha poucos meios de ajudá-la, exceto pela gentileza e pelo tratamento fraternal, fora dominada pela angústia. De modo que, quando a beijei em nossa despedida final, ela colocou os braços em volta do meu pescoço e chorou sem dizer uma palavra. Eu esperava retornar em uma semana no máximo e combinei com ela que, na quinta noite a contar daquele dia, e toda noite seguinte, ela esperasse por mim às seis horas, próximo à Great Titchfield

Street, que havia sido nosso refúgio costumeiro, por assim dizer, para evitar que nos perdêssemos no grande Mediterrâneo que é a Oxford Street. Tomei essa e outras medidas de precaução; só me esqueci de uma. Ela nunca havia me dito, ou (por não ter grande interesse) eu havia me esquecido, seu sobrenome. Na verdade, é uma prática comum para garotas de classe humilde em sua infeliz condição (ao contrário das mulheres leitoras de romances de pretensões mais elevadas que se autodenominam senhorita Douglas, senhorita Montague etc.) simplesmente se intitular pelo nome de batismo: Mary, Jane, Frances etc. O sobrenome dela, como a maneira mais certeira de localizá-la depois, era algo que eu deveria ter inquirido. Mas a verdade é que, não tendo nenhuma razão para pensar que nosso encontro pudesse ser, em consequência de uma curta interrupção, mais difícil ou incerto do que fora por tantas semanas, eu mal julguei por um momento sequer que fosse necessário, nem incluí nos protocolos da conversa de despedida. E, tendo minhas ansiedades finais sido gastas em confortá-la com esperanças e a pressionando quanto à necessidade de obter algum remédio para a violenta tosse e rouquidão da qual ela estava sofrendo, esqueci completamente disso até que fosse tarde demais para chamá-la de volta.

Passava das oito horas quando cheguei à cafeteria Gloucester, e como a diligência de Bristol estava prestes a partir, subi do lado de fora. A agradável cadência desse comboio logo me colocou para dormir; é interessante notar que o primeiro sono tranquilo e revigorante que eu havia tido em meses fora do lado de fora de uma diligência — uma cama que, nesse dia, achei bem desconfortável. Houve um pequeno incidente ligado a esse sono que serviu, como centenas de outros naquela época, para me convencer de como facilmente um homem que nunca enfrentou nenhum grande sofrimento pode passar pela vida sem saber nada sobre a possível bondade do coração humano — ou, como devo acrescentar com um suspiro, de sua possível vilania. Tão grossa é a cortina de maneirismos jogada por cima de características e da expressão dos instintos dos homens que o campo infinito de variedade que se estende entre eles acaba confundido — o vasto e múltiplo escopo das diversas harmonias reduzido a um fraco contorno de diferenças expressas no leque ou alfabeto de sons elementares. O caso era: nas primeiras quatro ou cinco milhas saindo de Londres, incomodei o passageiro ao lado colidindo acidentalmente com ele quando o carro dava um tranco para seu lado. A verdade é que, se a estrada fosse mais plana e nivelada, eu teria caído de fraqueza. Ele reclamou muito desse estorvo, como talvez, em iguais circunstâncias, a maioria das pessoas reclamaria; ele expressou sua reclamação, no entanto, da maneira mais rabugenta do que a ocasião parecia exigir e, se tivéssemos nos separado naquele momento, eu teria pensado (se é que teria julgado válido pensar nele) que era um sujeito rude e bruto. Entretanto, eu tinha consciência de que havia lhe dado algum motivo para reclamar, portanto, pedi desculpas e lhe garanti que faria o possível para evitar cair em cima dele enquanto dormia. Ao mesmo tempo, dizendo o mínimo possível, expliquei-lhe que estava doente e fraco em decorrência de um longo sofrimento e que naquele momento não poderia pagar por um lugar melhor na parte interna. Instantaneamente, os modos do homem mudaram ao ouvir essa explicação e, quando acordei por um minuto com o barulho e as luzes de Hounslow (pois, apesar dos meus desejos e esforços, tinha pegado no sono novamente após dois minutos que falara com ele), descobri que ele havia colocado o braço em volta de mim para me proteger da queda, e pelo resto da viagem ele agiu comigo com a delicadeza de uma mulher, de modo que, finalmente, quase deitei em seus braços; e isso foi muito gentil, pois ele não tinha como saber que eu não iria o caminho todo até Bath ou Bristol. Infelizmente, eu de fato acabei indo mais longe do que pretendia, de tão agradável e revigorante que fora meu sono, e, quando acordei de novo, depois de deixar Hounslow, foi com uma repentina parada da diligência (possivelmente em uma agência de correio); ao perguntar, descobri que havíamos chegado a Maidenhead — seis ou sete milhas depois de Salt Hill. Ali eu desembarquei, e pelo meio minuto que o comboio ficou parado, meu agradável companheiro (quem, quando vi de relance em Piccadilly, pareceu-me o mordomo de um nobre ou alguém dessa classe) rogou que eu fosse me deitar o quanto antes. Prometi que iria, embora sem intenção de cumprir a promessa. Na verdade, parti imediatamente a pé. Já devia ser quase meia-noite, mas me arrastei tão lentamente que ouvi um relógio em um casebre soar quatro horas antes que eu pegasse a estrada de Slough para Eton. O ar e o sono me revigoraram, ainda assim estava exausto. Eu me lembro que um pensamento (bastante óbvio e muito bem expresso por um poeta romano) me ajudou muito a me consolar na época da minha pobreza. Isso havia sido algum tempo antes de um crime que fora cometido em (ou próximo de) Hounslow Heath. Acredito não estar enganado quando digo que o nome do assassino era Steele e que ele era dono de uma plantação de lavanda na vizinhança. Cada passo do meu progresso me trazia mais perto de Heath, e naturalmente me ocorreu que eu e o acusado de assassinato, se ele estivesse fora naquela noite, poderíamos estar a cada instante nos aproximando inconscientemente um do outro em meio à escuridão. Nesse caso, eu disse — supondo que eu fosse (como de fato sou) um pouco melhor do que um pária —

"Senhor do meu saber, mas sem nenhuma terra ao meu lado."[14]

Fosse, como meu amigo, Lorde --, herdeiro por idoneidade, de 70 mil libras por ano, que pânico teria sentido nessa hora! — de fato, não era provável que aquele lorde estivesse na minha situação. No entanto, o espírito da observação permanece verdadeiro — aquelas vastas posses e poderes fazem um homem ter um medo escandaloso de morrer. Estou convencido de que muitos dos mais intrépidos aventureiros que, por serem pobres, felizmente, desfrutam do completo uso de sua coragem natural, se no exato momento de entrar em ação ficassem sabendo inesperadamente que tinham direito a uma propriedade na Inglaterra de 50 mil libras por ano, sentiriam um grande desgosto por projéteis, e seus esforços em perfeita equanimidade e autocontrole seriam proporcionalmente muito difíceis. Tanto é verdade que, na linguagem do sábio cuja própria experiência o deixou familiarizado com ambas as sortes, os ricos estão mais bem adequados...

> *"a afrouxar a virtude e reduzir seu alcance*
> *Do que tentar fazer o que renderia elogios."*
> *Paraíso Reconquistado.*[15]

Flerto com esse assunto porque, para mim, a lembrança desses tempos é profundamente interessante. Mas meu leitor não deverá ter nenhuma causa futura para reclamações, pois agora me apresso para sua conclusão. Na estrada entre Slough e Eton

---

14 Adaptado da peça histórica de William Shakespeare (1564 – 1616) *Vida e Morte do Rei João*, em que se diz: "Senhor de tua presença, mas nenhuma terra há ao teu lado". Essa peça foi escrita em meados da década de 1590, mas só foi publicada postumamente, em 1623. (N. da T.)

15 *Paraíso Reconquistado* foi publicado pelo poeta inglês John Milton (1608 – 1674), em 1671, como uma continuação do livro *Paraíso Perdido*, de 1667. (N. da T.)

eu adormeci, e assim que começou a amanhecer, fui despertado pela voz de um homem em pé me observando. Não sei quem era: um sujeito de aparência má, mas não por necessidade de más intenções, ou, se fosse, suponho que ele pensasse que nenhuma pessoa dormindo ao relento no inverno tivesse alguma coisa para ser roubada. Se for este o caso, no entanto, e ele estiver entre os meus leitores, gostaria de informá-lo de que estava enganado. Após uma leve observação, ele passou; e eu não lamentei sua interferência, já que me propiciou atravessar Eton antes que as pessoas estivessem acordadas. A noite fora pesada e sombria, mas, conforme a manhã surgia, com ela vinha uma leve geada, e o chão e as árvores estavam, então, cobertos de orvalho. Cheguei a Eton sem ser notado, lavei-me e, tanto quanto possível, arrumei minhas roupas em um pequeno pub em Windsor e, por volta das oito horas, dirigi-me à escola. No meu caminho, encontrei alunos iniciantes a quem fiz algumas perguntas. Um estudante de Eton é sempre um cavalheiro e, apesar de minhas vestimentas desgastadas, responderam-me com educação. Meu amigo Lorde -- estava estudando na Universidade de --. *"Ibi omnis effusus labor!"*.[16] No entanto, eu tinha outros amigos em Eton, porém, não é para todos que conheceram nosso nome na prosperidade que devemos apresentá-lo quando em desgraça. Ao me recompor, todavia, perguntei pelo Conde de D--, a quem (embora nossa relação não fosse tão íntima como com outros) eu não deveria deixar de me apresentar sob quaisquer circunstâncias. Ele ainda estava em Eton, mas acredito que a caminho

---

16 Latim: por aquela todo o trabalho foi perdido. Frase presente no livro *Geórgicas*, do poeta latino Virgílio (70 a.C. – 19 a.C.), autor do famoso poema épico *Eneida*. Ao utilizar a frase aqui, De Quincey quer dizer que, por não ter se informado, ou seja, por negligência, não encontra o amigo, porque ele está estudando em outro local. (N. da T.)

de Cambridge. Apresentei-me, fui recebido com gentileza e pedi para tomar café da manhã.

Aqui, deixe-me parar por um momento para coibir qualquer conclusão errônea que meu leitor possa ter. O fato de eu ter incidentalmente falado de vários amigos patrícios não deve pressupor que eu mesmo me veja como uma pessoa de classe e sangue nobre. Agradeço a Deus que não. Sou filho de um simples comerciante inglês, bastante considerado ao longo da vida pela enorme integridade, que esteve fortemente ligado a interesses literários (na verdade, ele foi um autor anônimo). Se tivesse vivido, ele poderia ter ficado rico, mas, ao morrer prematuramente, deixou não mais que 30 mil libras para sete requerentes. Minha mãe, que devo mencionar com honra, era ainda mais talentosa. Sem fingir o nome e as honras de uma mulher das letras, devo presumir chamá-la (o que muitas mulheres das letras não são) uma intelectual; e acredito que se algum dia suas cartas fossem reunidas e publicadas, diriam que exibem, em geral, uma natureza forte e masculina, escritas com "inglês correto", puro, atrevido e renovado com graças idiomáticas, como quaisquer outras em nossa língua, exceto pelas de Lady M. W. Montagu. Essas são as honras da minha descendência; não tenho outras, e agradeci a Deus sinceramente por não as ter, porque, na minha opinião, um local que cria um homem tão eminentemente acima de seus colegas não é o mais favorável para a moral ou para qualidades intelectuais.

Lorde D-- me ofereceu um café da manhã muito impressionante. Era mesmo, mas aos meus olhos era triplamente impressionante, pois era a primeira refeição regular, a primeira "mesa de um bom homem" a que eu me sentava em meses. É estranho dizer, no entanto, que mal consegui comer. No dia em que recebi minha primeira nota de dez libras, eu tinha ido à padaria e comprado dois pãezinhos; essa mesma loja eu havia observado dois meses ou dois meses e meio antes com um ávido desejo que era humilhante de se recordar. Lembrei-me da história sobre Otway[17] e temi que poderia ser perigoso comer rápido demais. Mas eu não precisava me assustar, meu apetite tinha desaparecido e fiquei doente antes que tivesse comido metade do que havia comprado. Esse mal-estar com a comida continuei a sofrer por semanas. Sentia náuseas ou parte do que eu comia era rejeitado, às vezes com acidez, às vezes imediatamente e sem qualquer azia. Na presente ocasião, à mesa de Lorde D--, eu não estava nem um pouco melhor do que o usual e, em meio a toda aquela opulência, não tinha apetite nenhum. O tempo todo, no entanto, e infelizmente, desejava vinho. Expliquei minha situação, então, para Lorde D-- e lhe passei uma espécie de relatório dos meus mais recentes sofrimentos, ao que ele expressou grande compaixão e pediu que trouxessem vinho. Isso me deu alívio e prazer momentâneos; e em todas as ocasiões em que tive oportunidade, nunca deixei de beber vinho — que naquela época eu venerava assim como dali em diante passei a venerar o ópio. Estou convencido, todavia, que essa indulgência em vinho contribuiu para fortalecer minha enfermidade, pois o músculo do meu estômago estava bastante encolhido e, com uma dieta melhor, logo ele deveria efetivamente se restabelecer. Espero que não tenha sido por esse amor ao vinho que eu me demorei na companhia dos meus amigos de Eton. Convenci a mim mesmo, então, que era a relutância em solicitar ao Lorde D --, de quem

---

[17] De Quincey faz aqui uma provável referência ao dramaturgo inglês Thomas Otway (1652 – 1685), que passou por período de extrema pobreza e fome após ter desfrutado de certo sucesso. Acredita-se que tenha recebido uma moeda de um guinéu de um transeunte que o reconheceu na rua onde ele mendigava e se apressou para comprar um pão, tendo o ingerido com tanta avidez que engasgou na primeira mordida e morreu. (N. da T.)

eu não tinha garantias suficientes, o favor especial que tinha me lavado a Eton. No entanto, eu não tinha intenção de perder viagem, assim, pedi. Lorde D--, cuja boa vontade era ilimitada e que me recebeu levando em consideração a minha condição e seu conhecimento do tipo de relação que eu tinha com alguns de seus parentes e não por um interrogatório super-rigoroso da minha solicitação — vacilou, todavia, a esse pedido. Reconheceu que não gostava de negociar com agiotas e temia que tal transação chegasse aos ouvidos das pessoas com quem tinha ligações. Além disso, ele tinha dúvidas se sua assinatura (as expectativas em torno dela eram muito mais limitadas do que aquelas de --) seria do interesse de meus amigos cristãos. Entretanto, ele não desejou, como parecia, mortificar-me com uma recusa absoluta, pois, após uma pequena consideração, prometeu, sob certas condições que apontou, dar-me sua garantia. Nessa época, Lorde D-- não tinha ainda 19 anos, mas com frequência tive dúvidas, relembrando o bom senso e a prudência com que na ocasião ele se misturava com maneiras tão urbanas (uma urbanidade que nele parecia à graça da sinceridade juvenil), se qualquer afirmação — a mais velha e mais bem-sucedida na diplomacia — poderia tê-lo feito se comportar melhor sob as mesmas circunstâncias. A maioria das pessoas, de fato, não pode ser abordada em tal negócio sem ser supervisionada por olhares tão austeros e desfavoráveis quanto um sarraceno.

Reconfortado por sua promessa, que não era exatamente a melhor, mas muito menos ruim do que eu tinha imaginado possível, retornei num comboio de Windsor para Londres três dias depois que havia partido. E agora chego ao fim da minha história. Os judeus não aprovaram as condições de Lorde D --; se no final eles teriam aderido a elas, e estavam apenas ganhando tempo para fazer as devidas inquirições, eu não sei; mas houve muitos atrasos — o tempo passou — e o pequeno fragmento da minha nota de dez libras simplesmente derreteu. E antes que se desse uma conclusão ao negócio, eu teria recaído ao meu antigo estado miserável. De repente, no entanto, nessa crise, foi feita uma abertura, quase por acidente, para reconciliação com meus amigos. Deixei Londres com pressa em direção a uma parte remota da Inglaterra; depois de um tempo, eu segui para a universidade, e só depois de muitos meses que eu consegui novamente revisitar o chão que tinha se tornado tão interessante para mim, e assim permanece até hoje, como o cenário principal dos meus sofrimentos juvenis.

    Nesse meio-tempo, o que acontecera à pobre Ann? Para ela reservei minhas palavras finais. De acordo com o que tínhamos combinado, procurei por ela diariamente, e esperei por ela todas as noites, enquanto fiquei em Londres, na esquina da Titchfield Street. Perguntei por ela para cada um que possivelmente a conhecesse e, durante as últimas horas da minha estadia em Londres, coloquei em ação todos os meios de rastreá-la que meu conhecimento de Londres aventava e a limitada extensão de minhas forças permitia. Eu sabia a rua em que ela havia se hospedado, mas não a casa; e me lembrei finalmente de algum relato que ela havia me dado de ser maltratada pelo senhorio, o que tornou plausível ela ter abandonado aqueles aposentos antes de nos despedir. Ela tinha poucos conhecidos, e muitas pessoas, além do mais, pensavam que a seriedade da minha busca vinha de motivos que os fariam rir ou desprezar; e outros, julgando que eu estava à procura de uma garota que tivesse me roubado algumas ninharias, naturalmente tinham desculpas para se recusar a me dar qualquer pista dela, se é que tinham alguma pista para dar.

Finalmente, como último recurso, no dia em que parti de Londres, coloquei nas mãos da única pessoa que (eu tinha certeza) deveria conhecer Ann de vista por ter estado em nossa companhia uma ou duas vezes um endereço que naquela época era a residência da minha família. Mas, até hoje, nunca soube nada dela. Esse, entre tantos problemas que muitos homens enfrentam na vida, tem sido minha pior angústia. Se ela estiver viva, sem dúvida estivemos algumas vezes à procura um do outro no mesmíssimo momento, pelos imponentes labirintos de Londres, talvez até a poucos metros de distância — a barreira de uma rua londrina no fim se transformou em uma eternidade de separação! Durante alguns anos, eu esperava que ela estivesse mesmo viva, e suponho que, no uso literal e não retórico da palavra "miríade", devo dizer que em minhas diferentes visitas a Londres, procurei-a em uma miríade de rostos femininos na esperança de encontrá-la. Eu seria capaz de reconhecê-la em meio a milhares, se eu a visse por um momento, pois, embora não fosse bonita, tinha uma doce expressão no rosto e um meneio de cabeça peculiar e gracioso. Procurei por ela, como eu disse, com esperança. Assim foi por anos, mas agora temo encontrá-la; e sua tosse, que me preocupava quando nos separamos, é agora meu consolo. Agora não desejo mais vê-la, mas penso nela, com mais alegria, como alguém que há muito já se deitou no túmulo; no túmulo, espero, de Madalena; levada embora, antes que as feridas e a crueldade tenham manchado e transfigurado sua engenhosa natureza ou que a brutalidade dos rufiões tenha concluído a ruína que havia começado.

* * *

Então, Oxford Street, madrasta com um coração de pedra!,

tu que ouviste os suspiros dos órfãos e bebeste as lágrimas de crianças, finalmente me vi livre de ti: chegou a hora, finalmente, em que não mais tenho que caminhar por tuas infinitas calçadas em aflição; não mais sonhar e acordar refém de pontadas causadas pela fome. Sucessores, muitos deles, a mim e a Ann, sem dúvida, desde então, seguiram nossos passos — herdeiros de nossas calamidades: outros órfãos além de Ann suspiraram; lágrimas foram derramadas por outras crianças, e tu, Oxford Street, desde então, sem dúvida, ecoou os gemidos de inúmeros corações. Quanto a mim, no entanto, a tempestade a que sobrevivi pareceu ter sido o compromisso de um clima bom e duradouro; os sofrimentos prematuros dos quais eu havia já pagado a primeira parcela para ser aceito como um resgate para os muitos anos vindouros, como um preço de longa imunidade pela tristeza. E se novamente eu caminhasse por Londres, um homem solitário e contemplativo (como muitas vezes fiz), eu caminharia sereno e com paz no espírito. E, embora seja verdade que as calamidades do meu noviciado em Londres tenham deixado raízes tão profundas no meu corpo que depois elas cresceram e floresceram e se transformaram em um ressentimento nocivo que ofuscou e escureceu meus últimos anos, ainda assim esses últimos ataques de sofrimento foram recebidos com uma coragem mais confirmada com os recursos de uma mente mais madura e com paliativos de afeto compadecido — que profundo e terno!

Assim, no entanto, com quaisquer paliativos, anos muito separados foram postos juntos por ligações sutis de sofrimento derivado de uma raiz comum. E aqui eu observo um instante de cegueira dos desejos humanos, que muitas vezes em noites de luar, durante minha primeira permanência pesarosa em Londres, meu consolo era (se assim podia ser considerado) observar da

Oxford Street cada avenida em sucessão que penetra o coração de Marylebone para os campos e bosques, pois esta, eu disse, viajando com meus olhos pelas amplas paisagens que ficam parte à luz e parte à sombra, "esta é a estrada para o norte, portanto, para --, e se eu tivesse as asas de uma pomba, eu voaria por esta estrada em busca de conforto". Assim eu disse, e assim desejava, em minha cegueira; foi naquela região norte que ele estava, naquele vale, não, naquela casa para a qual meus desejos errôneos apontavam, que o segundo nascimento dos meus sofrimentos começou; e de novo eles ameaçavam sitiar a cidadela de vida e esperança. Lá estava, por anos fui perseguido por visões tão feias e tão horrivelmente fantasmagóricas que jamais assombraram o leito de Orestes,[18] sendo nisso mais infeliz do que ele. Esse sono, que chega para todos como alívio e descanso, e para ele especialmente, como um bálsamo abençoado para seu coração ferido e sua mente assombrada, visitava-me como meu flagelo mais amargo. Assim, a cegueira estava em meus desejos; o mesmo véu que se interpõe entre a vista obscurecida de um homem e suas futuras desgraças é o que esconde dele suas mitigações; e uma dor que não havia sido temida é encarada com o consolo que não havia sido esperado. Eu, portanto, que compartilhei, por assim dizer, dos mesmos problemas de Orestes (com exceção apenas de sua agitada consciência), não participei menos de seus apoios: minha Eumênides, como a dele, estava aos pés da cama e me olhava pelas cortinas, mas, observando meu travesseiro ou deixando de dormir para me fazer companhia pelas pesadas vigílias da noite, estava minha Electra: por ti, amada M--, querida companheira de meus últimos anos, tu eras minha Electra!

....

[18] Personagem da tragédia grega *Eumênides*, escrita por Ésquilo (525 a.C. – 456 a.C.) e representada pela primeira vez em 458 a.C. Orestes é acusado de ter assassinado a própria mãe. (N. da T.)

E nem em nobreza de espírito nem em afeto sofrido, permitiria que uma irmã greciana superasse uma esposa inglesa. Pois tu não pensaste muito para abaixar-te em humildes ocupações de bondade e demonstrações de terna afeição — limpando durante anos as lágrimas prejudiciais ao rosto ou refrescando os lábios quando ressequidos pela febre; nem mesmo quando teu próprio sono pacífico havia se tornado, por compaixão, infectado com a visão da minha pavorosa contenda com fantasmas e inimigos sombrios que várias vezes me ordenavam "pare de dormir!" —, nem mesmo assim, proferiste uma reclamação ou qualquer murmúrio, nem recolheste teus sorrisos angelicais, nem te esquivaste do teu serviço de amor mais do que Electra se esquivou do irmão. Pois ela também, embora fosse uma mulher greciana, e filha do rei dos homens, chorava às vezes, e escondia sua face debaixo das vestes.

Mas esses problemas estão no passado, e tu lerás estes registros de um período tão doloroso a nós dois quanto a lenda de alguns sonhos macabros que não podem mais voltar. Nesse ínterim, estou em Londres novamente, e novamente percorro as calçadas da Oxford Street à noite e às vezes, quando estou oprimido pela ansiedade que exige toda minha filosofia e o conforto de tua presença para me apoiar. Lembro-me de que estou separado de ti por 300 milhas, e o tempo de três tenebrosos meses — olho para as ruas que seguem para o norte a partir da Oxford Street, em noites de luar, e recordo meu jorro de angústia juvenil —, e recordando que tu sentas sozinha no mesmo vale, senhora daquela mesma casa à qual meu coração se voltou em sua cegueira 19 anos atrás, penso que, embora cegas, e espalhadas pelos ventos dos antigos, as sugestões do meu coração podem ter tido referência de um tempo mais antigo, e podem ser justificadas se lidas de outra forma. E, se eu pudesse me permitir a voltar mais uma vez aos desejos de infância, de novo diria a mim mesmo, enquanto olho em direção ao norte: "Ah, eu tinha asas de uma pomba", — e com que confiança em tua bondade e natureza compassiva posso eu acrescentar a outra metade de meu precoce jorro — "E desse jeito eu correria para o conforto".

PARTE II

OS PRAZERES DO ÓPIO

Faz muito tempo que usei ópio pela primeira vez; tanto tempo que, se tivesse sido um incidente trivial na minha vida, eu poderia ter esquecido a data. Mas eventos cruciais não devem ser esquecidos e, a partir de circunstâncias relacionadas a ele, lembro-me de que essa estreia no uso do ópio deve ter ocorrido na primavera ou outono de 1804, estações durante as quais estive em Londres, chegando ali pela primeira vez desde minha entrada em Oxford. E esse acontecimento surgiu da seguinte maneira: desde uma idade precoce, eu fora acostumado a lavar minha cabeça em água fria pelo menos uma vez por dia. Repentinamente tomado por uma dor de dente, atribuí isso a algum relaxamento causado por um intervalo casual dessa prática, pulei da cama, mergulhei minha cabeça em uma bacia com água fria e com o cabelo todo molhado fui dormir. Na manhã seguinte, como imagino nem seja preciso dizer, acordei com dores lancinantes na cabeça e na face que não me deram trégua por 20 dias. No 21º dia, era um domingo, saí às ruas mais para fugir dos meus tormentos do que com qualquer propósito de alívio. Por acidente, encontrei um conhecido da faculdade que me recomendou ópio. Ópio! Agente terrível de prazer e dor inimagináveis! Eu havia ouvido falar dele assim como de maná ou ambrosia, não mais do que isso. Que som mais sem significado tinha a palavra "ópio" naquela época! Que acordes solenes ela toca agora em meu coração! Que vibrações sísmicas de lembranças tristes e felizes! Recorrendo por um momento a elas, sinto uma importância mística acoplada ao local, ao tempo, ao homem (se é que era homem) que primeiro abriu para mim o paraíso dos comedores de ópio. Era uma tarde de domingo, úmida e sem alegria, e que espetáculo mais monótono essa terra tem para nos mostrar do que um domingo chuvoso em Londres. O caminho para a minha casa passava pela Oxford Street e, perto do "monumental Pantheon" (como o senhor Wordsworth amavelmente o chamava), vi uma farmácia. O farmacêutico (ministro inconsciente dos prazeres celestiais!), como que se solidarizando com o domingo chuvoso, parecia enfadonho e tolo, exatamente como se esperava que fosse qualquer mortal farmacêutico em um domingo chuvoso em Londres, e, quando eu pedi por tintura de ópio, ele a entregou a mim como qualquer outro faria. Além do mais, ao me dar o troco, voltou-me o que parecia ser de fato uma moeda real de meio centavo de cobre, tirada de uma gaveta real de madeira. Entretanto, e não obstante todas as indicações da humanidade, desde então ele figura em minha mente como uma visão beatífica de um farmacêutico imortal, mandado à Terra em uma missão especial para mim. Tanto eu o considerava assim que na minha visita seguinte a Londres, eu o procurei perto do monumental Pantheon, mas não o encontrei. E, assim, para mim, que nem sabia o nome dele (se é que tinha um), ele mais parecia ter desaparecido da Oxford Street do que se infiltrado em qualquer outra localidade ou (como alguém abominável sugeriu) se escondido para não pagar o aluguel. O leitor pode escolher pensar nele como, possivelmente, não mais do que um farmacêutico sublunático, o que pode até ser, mas creio em algo melhor. Acredito que ele tenha evanescido. Muito relutantemente eu ligaria qualquer lembrança mortal com aquela hora, lugar e criatura que me introduziram àquela droga celestial.

Quando cheguei a meus aposentos, supõe-se que não perdi tempo em tomar a quantidade prescrita. Eu era necessariamente ignorante em toda a arte e mistério de usar ópio, e o que tomei foi sob condições muito desfavoráveis. Mas tomei, e em uma hora, ó, céus! Que reviravolta, que ressurreição das maiores profundezas, do espírito interior! Que apocalipse ocorria dentro de mim! O fato de que minhas dores tinham desaparecido era uma mera trivialidade a meus olhos naquele momento; o efeito negativo foi engolido na imensidão dos efeitos positivos que tinha se aberto diante de mim, no abismo do gozo divino de repente revelado. Ali estava uma panaceia, uma droga relaxante para todas as desgraças humanas; ali estava o segredo da felicidade, sobre o qual filósofos haviam discutido por tantas eras, agora revelado; a felicidade pode agora ser comprada por um centavo, e carregada no bolso do casaco; êxtases portáteis podem ser extraídos de garrafas, e a paz de espírito pode ser enviada por correio.

Primeiramente, uma palavra a respeito de seus efeitos no organismo, pois de tudo que foi até aqui escrito sobre o assunto ópio, seja por viajantes na Turquia (que podem alegar seu privilégio de mentir como um antigo direito de tempos imemoriais) ou por professores de medicina escrevendo *ex-cathedra*,[19] tenho apenas uma crítica enfática a fazer: bobagem! Eu me lembro de uma vez,

---

19 Latim: com a autoridade de quem tem um título. (N. da T.)

passando por uma banca de livros, ter captado essas palavras da página de algum autor satírico. "Nessa época me convenci de que os jornais de Londres falavam a verdade pelo menos duas vezes por semana, ou seja, às terças-feiras e aos sábados — e seguramente podem ser confiáveis — que é quando publicavam a lista de falências." De maneira semelhante, de forma alguma pretendo negar que algumas verdades foram entregues ao mundo no que diz respeito ao ópio. Assim, foi repetidamente afirmado pelos estudiosos que o ópio tem uma cor castanho-avermelhada — e isso eu garanto; segundo, que é bastante caro — o que também garanto, pois na minha época custava três guinéus uma libra daquele que vinha do leste da Índia e oito guinéus o da Turquia; e, terceiro, que, se você comer uma boa quantidade, muito provavelmente irá acontecer algo muito dissonante do que acontece com os homens de hábitos regulares, ou seja, você irá morrer. Essas sérias premissas são todas verdadeiras. Não as posso desmentir. E a verdade sempre foi e será louvável. Mas nesses três teoremas acredito que esgotamos o estoque de conhecimento até agora acumulado pelo homem nesse assunto.

Primeiro, então, não é muito declarado como natural por todos que mencionam o ópio, formal ou incidentalmente, que ele pode produzir (e produz) intoxicação. Então, leitor, certificai-vos, *meo periculo*,[20] de que nenhuma quantidade de ópio nunca vos intoxicou ou poderia ter intoxicado. Quanto à tintura do ópio (comumente chamada de láudano), esta pode certamente intoxicar, se um homem puder suportar ingerir dela o suficiente para isso, mas por quê? Porque contém alto teor de álcool de vinho, e não por ter muito ópio. Mas o ópio em sua forma bruta, afirmo

---

20 Latim: por seu próprio risco. (N. da T.)

peremptoriamente, é incapaz de produzir qualquer sensação no corpo que se assemelhe àquela produzida pelo álcool; e incapaz não apenas em grau, como em qualidade. Não é a quantidade de seus efeitos simplesmente, e sim a qualidade, que o faz diferir completamente. O prazer dado pelo vinho é sempre rapidamente crescente e tende a levar a uma crise, depois da qual rapidamente ele declina; o prazer do ópio, uma vez desencadeado, permanece por oito ou dez horas: no primeiro caso, pegando emprestada uma distinção técnica da medicina, é um caso de prazer agudo, o segundo, crônico; um é chama tremeluzente, o outro, um brilho estável e uniforme. Mas a distinção principal é que, enquanto o vinho gera uma desordem das faculdades mentais, o ópio, ao contrário, (se tomado da maneira apropriada) proporciona a mais refinada ordem, regra e harmonia. O vinho rouba do homem seu autocontrole; o ópio o sustenta e o reforça. O vinho desequilibra o julgamento e confere uma luminosidade sobrenatural e uma vívida exaltação ao desprezo e às admirações, aos amores e aos ódios de quem o bebe; o ópio, ao contrário, comunica serenidade e equilíbrio a todas as faculdade, ativas ou passivas, e, em relação ao temperamento e aos sentimentos morais em geral, ele simplesmente dá aquele tipo de aquecimento vital que é aprovado pelo julgamento e que provavelmente acompanharia uma constituição física de saúde primeva e antediluviana. Assim, por exemplo, o ópio, como o vinho, oferece uma expansão ao coração e às afeições benevolentes, mas, então, com essa notável diferença, que, no súbito desenvolvimento da caridade que acompanha a embriaguez, há sempre um pouco mais ou um pouco menos de uma natureza piegas e transitória, que a expõe ao desdém do observador. Homens apertam as mãos, juram amizade eterna e derramam lágrimas — nenhum mortal sabe por quê; e a natureza animal é claramente superior. Mas a expansão dos sentimentos iniciais que acompanham o ópio não é nenhum acesso febril, nenhum paroxismo fugitivo; é uma restauração saudável daquele estado de espírito que se segue à remoção de uma dor antiga ou irritação que a havia perturbado e discutido com os impulsos de um coração originalmente justo e bom. A verdade é que, mesmo o vinho, até certo ponto e com certos homens, tende mais a exaltar e estabilizar a mente; eu mesmo, que nunca fui um grande bebedor de vinho, costumava achar que meia dúzia de taças afetava as faculdades beneficamente, iluminava e intensificava a consciência e dava à mente uma sensação de ser *ponderibus librata suis*;[21] e certamente, na linguagem popular, absurdamente se diz de qualquer homem, que ele está disfarçado no álcool; pois, ao contrário, a maioria se disfarça com a sobriedade, e excessivamente; e é quando eles estão embriagados que se mostram na verdadeira complexidade de seu caráter, o que seguramente não o disfarça. Mas ainda, o vinho constantemente leva um homem à beira do absurdo e da extravagância; e, além de determinado ponto, com certeza ele volatiliza e dispersa as energias intelectuais, enquanto o ópio sempre parece estruturar o que havia sido perturbado e concentrar o que fora abstraído. A fim de resumir tudo em uma palavra, um homem que está embriagado ou que tende à embriaguez sente que sua condição é a supremacia do que é ser humano; mas o comedor de ópio (falo dele simplesmente como tal e assumo que ele está em um estado normal de saúde) sente que a parte mais divina de sua natureza é primordial — isto é, os afetos morais estão em um estado de serenidade, e acima de tudo brilha a luz do imponente intelecto.

Essa é a doutrina da verdadeira igreja quanto ao ópio: igreja

---

21 Latim: mantido pelo poder de Deus todo-poderoso. (N. da T.)

da qual me reconheço como o papa (consequentemente, infalível) e me autoindiquei *legate a latere*[22] para todos os graus de latitude e longitude. Mas, então, temos que lembrar que falo a partir de uma experiência pessoal grande e profunda, enquanto a maioria dos autores não científicos que trataram do ópio, e mesmo aqueles que escreveram profissionalmente na *materia medica*,[23] tornam evidente, pelo horror que expressam por ele, que o conhecimento experimental de sua ação não é nenhum. Entretanto, reconhecerei candidamente que conheci uma pessoa que comprovava seu poder intoxicante, rebatendo minha própria incredulidade, pois ele era um médico e ele mesmo havia tomado ópio largamente em razão de uma triste condição (que estava além de toda e qualquer esperança de cura) instalada em um órgão em particular. Essa disposição era uma sutil inflamação, não aguda, e sim crônica, e com ela lutou, acredito, por mais de 20 anos; lutou vitoriosamente, se é que foi uma vitória tornar sua vida apenas suportável, e durante todo o tempo manter de maneira respeitável esposa e filhos completamente dependentes dele. Acabei dizendo a ele que seus inimigos (como eu soubera) o acusavam de falar coisas sem sentido sobre política e que seus amigos pediam desculpas por ele, sugerindo que estava em constante estado de intoxicação pelo ópio. Então, a acusação, eu disse, não é *prima facie*[24] absurda, mas a defesa, sim. Para minha surpresa, todavia, ele insistiu que tanto seus inimigos como seus amigos estavam certos. "Concordarei", disse ele, "que falo mesmo coisas sem sentido, e também concordarei que não falo coisas

---

22 Latim: representante papal confidencial do mais alto grau para missões específicas, e não permanentes, no exterior. (N. da T.)
23 Latim: tratado sobre assuntos médicos. (N. da T.)
24 Latim: à primeira vista. (N. da T.)

sem sentido por princípio ou com qualquer intuito de lucrar, e sim, única e simplesmente", ele disse, "única e simplesmente, única e simplesmente", repetindo três vezes, "porque estou dopado de ópio, e isso é diariamente". Repliquei que, quanto à alegação de seus inimigos, como parecia ser estabelecida diante de respeitável testemunho, vendo que as três partes envolvidas concordavam até aqui, não era eu quem iria questionar, mas a defesa que se configurou eu deveria contestar. Ele continuou a discutir o assunto e a explicar suas razões, mas me pareceu tão deselegante perseguir um argumento que presumia que um homem se enganara em um ponto que dizia respeito à sua própria profissão, que eu nem o pressionei, mesmo quando o curso de seu argumento pareceu aberto à objeção. Isso sem falar que um homem que diz coisas sem sentido, mesmo sem "qualquer intuito de lucrar", não é nem um pouco o mais agradável interlocutor em uma discussão. Confesso, no entanto, que a autoridade de um médico, e um de boa reputação, pode ser bastante pesada para o meu preconceito. Mas, ainda assim, devo invocar minha experiência, que é maior do que a dele em mais de sete mil gotas por dia; e, embora não seja possível supor um homem da medicina não familiarizado com os sintomas característicos de uma intoxicação vínica, surpreende-me que ele deva prosseguir no erro lógico de usar a palavra intoxicação com uma amplitude cuidadosa demais, estendendo-a genericamente a todos os modos de excitação nervosa, em vez de restringi-la a uma qualidade especial de elevação prazerosa, distinguível por sintomas bem conhecidos e conectada com tendências para não serem evitadas. Duas dessas tendências mencionarei como marcas diagnósticas, ou peculiares e inseparáveis de intoxicação alcoólica comum, mas que nenhum excesso no uso de ópio desenvolve. Uma é a perda de autocontrole, em relação a todos os atos e propósitos de alguém, que gradualmente (embora com graus variados de velocidade) toma conta de todas as pessoas indiscriminadamente quando indulgentes em relação ao vinho e destilados além de certo limite. A língua e outros órgãos se tornam incontroláveis: o homem intoxicado fala inarticuladamente e, com respeito a algumas palavras, faz esforços absurdamente severos, embora muitas vezes ineficazes, para proferi-las. Os olhos ficam perplexos e veem dobrado, distinguindo muito ou muito pouco. A mão fica desajeitada. As pernas vacilam e perdem seu poder de ação paralela. Todas as pessoas estão sujeitas a isso, mesmo que variando as taxas de aceleração. Em segundo lugar, como outra característica, deve ser notado que com a intoxicação alcoólica, o movimento sempre forma um tipo de arco; o bebedor faz uma escalada contínua para um pico ou cume, do qual desce com passos correspondentes de declinação. Há um ponto culminante no movimento de subida que uma vez atingido não pode ser retomado. E é o esforço prematuro, inconsciente, mas sempre malsucedido do bebedor obstinado em restaurar sua altitude suprema de diversão que o tenta a cometer excessos que se tornam perigosos. Após atingir esse acme de prazer genial, é uma mera necessidade do caso se recolher a correspondentes estágios de colapso. Algumas pessoas sustentaram, pelo que ouvi dizer, que já ficaram bêbadas com chá verde; e um estudante de medicina em Londres, por cujo conhecimento da profissão sinto grande respeito, assegurou-me um dia desses que um paciente, ao se recuperar de uma doença, ficou bêbado ao comer um bife. De fato, tudo gira em torno de uma rigorosa definição do que é intoxicação.

Tendo insistido tanto tempo nesse primeiro e principal erro a respeito do ópio, devo brevemente mencionar um segundo e um terceiro, que dizem que a elevação do espírito promovida pelo ópio é necessariamente seguida de uma depressão proporcional e que a consequência natural e até imediata do ópio é torpor e estagnação, física e mental. O primeiro desses erros contentar-me-ei em simplesmente negar, assegurando meu leitor de que pelos dez anos durante os quais eu usei ópio, não regularmente mas intermitentemente, o dia seguinte a esse luxo era sempre um dia de muito bom humor.

Com respeito ao torpor que supostamente segue, ou melhor, (se fôssemos creditar as inúmeras imagens de comedores de ópio turcos) acompanha a prática de comer ópio, nego também. Certamente, o ópio é classificado na categoria dos narcóticos, e algum efeito do tipo deve provocar, afinal, mas os efeitos primários do ópio são sempre, no mais alto grau, excitação e estimulação do organismo. Esse primeiro estágio de sua ação sempre durou, durante minha iniciação, até oito horas, de forma que a culpa deve ser do próprio comedor de ópio se ele não anota o tempo de exposição da dose até que o peso da ação do narcótico recaia sobre seu sono. Ao que parece, os comedores de ópio turcos cometem o absurdo de se sentar, como tantas estátuas equestres, em tocos de madeira tão estúpidos quanto eles mesmos. Mas, para que o leitor possa julgar pelo grau em que o ópio é capaz de atordoar as capacidades de um inglês, descreverei (mais pela forma ilustrativa do que argumentativa de tratar a questão) o modo como eu frequentemente passava uma noite regada a ópio em Londres durante o período entre 1804 e 1812. Será possível ver que pelo menos o ópio não me fez procurar a solidão, e muito menos procurar a inatividade, nem o estado entorpecido de abstração mental imputado aos turcos. Relato isso com o risco de ser considerado um entusiasta ou visionário louco, mas não me importo muito. Desejo que meu leitor tenha em mente que fui um aluno dedicado e estudava seriamente por todo o restante do meu tempo. E, certamente, tinha o direto de relaxar ocasionalmente, assim como outras pessoas.

O falecido Duque de Norfolk costumava dizer: "Na próxima segunda-feira, se o vento e o clima permitirem, pretendo ficar bêbado". E de uma maneira parecida eu costumava estabelecer de antemão com que frequência, quando e sob quais circunstâncias secundárias de alegria festiva eu me entregaria a uma orgia de ópio. Isso raramente era mais do que uma vez a cada três semanas, pois naquela época eu não podia ter me arriscado a pedir todo dia (como depois fiz) por "um copo de láudano, quente e sem açúcar". Não, uma vez em três semanas era suficiente; e o dia selecionado era ou uma terça-feira ou um sábado à noite. Minha razão para isso era: terça ou sábado foram, por muitos anos, as noites regulares de apresentações no King's Theatre (ou Opera House), e foi naquela época que Grassini[25] cantava, e a voz dela (a mais rica das contraltos) era deliciosa para mim mais do que tudo que já havia ouvido, ou que já ouvi desde então, ou que jamais ouvirei. Não sei qual é o estado da casa de espetáculo hoje, já que há mais de sete ou oito anos não a frequento. Mas, naquela época, era o mais agradável reduto para uma noite em Londres. Com meio guinéu era possível obter um lugar na plateia, sob a problemática condição, no entanto, de estar *en grande tenue*.[26] Cinco xelins era o preço da entrada para a galeria, e aquela galeria era sujeita a menos perturbação do que a plateia da maioria dos teatros. A orquestra se distinguia pelo esplendor doce e melodioso dentre todas as orquestras inglesas, mas a composição

....
[25] Giuseppina Grassini (1773 – 1850), cantora italiana de ópera. (N. da T.)
[26] Francês: em traje completo. (N. da T.)

dela, confesso, não é muito aceitável aos meus ouvidos em virtude da predominância de instrumentos estrondosos, e, em alguns momentos, da tirania do violino. Eletrizante quase sempre era o prazer com o qual eu ouvia essa angelical Grassini. Tremendo de expectativa, eu me sentava, quando chegava perto da hora da áurea epifania; tremendo me levantava, incapaz de repousar, quando aquela voz celestial como uma harpa cantava suas próprias boas-vindas vitoriosas no prelúdio. Era divino ouvir o coro e, quando Grassini aparecia em algum interlúdio, como sempre fazia, e derramava sua alma apaixonada como Andrômaca no tumba de Heitor, pergunto-me se algum turco, capaz de qualquer prazer de todos que já adentraram o paraíso dos comedores de ópio, pode ter tido metade do prazer que tive. Mas, de fato, honro os bárbaros muito por supô-los capazes de qualquer prazer próximo aos da mente de um homem inglês. Pois a música pode ser um prazer intelectual ou físico, de acordo com o temperamento de quem a escuta. E, com exceção da fina extravagância sobre o assunto em *Noite de Reis*,[27] não me lembro de mais nada dito adequadamente sobre música em toda a literatura. É uma passagem em *Religio Medici*, de Sir Thomas Browne, e, embora principalmente notada por sua sublimidade, tem também um valor filosófico, na medida em que aponta para a verdadeira teoria dos efeitos musicais. O erro que a maioria das pessoas comete é supor que é pelos ouvidos que se comunicam com a música e que são, portanto, passivas a seus efeitos. Mas não é bem assim. É pela reação da mente ao que o ouvido nota (a matéria vinda pelos sentidos, a forma pela mente) que o prazer é construído. E, portanto, as pessoas que têm igualmente bom

---

27 Peça de William Shakespeare primeiramente publicada em 1602. (N. da T.)

ouvido diferem tanto entre si nesse ponto. Então, o ópio, ao aumentar bastante a atividade da mente, geralmente aumenta, por necessidade, aquele modo particular de criar, a partir da matéria-prima do som orgânico, um prazer intelectual elaborado. "Mas", diz um amigo, "uma sucessão de sons musicais para mim é como um grupo de caracteres árabes: não consigo atrelar ideias a eles." Ideias, meu querido amigo, não há ocasião para elas; todo aquele grupo de ideias que podem estar disponíveis em tal caso tem uma linguagem de sentimentos significativos. Mas esse é um assunto alheio ao meu presente propósito. Basta dizer que um coro de harmonia elaborada estava disposto diante de mim, como em um trabalho de tapeçaria, durante toda a minha vida passada — não como se relembrada por um ato de memória, e sim como se estivesse presente e incarnada na música; não mais dolorosa para se entender, mas os detalhes de seus incidentes removidos ou misturados a alguma abstração nebulosa, e sua paixão exaltada, espiritualizada e sublimada. Tudo isso se podia obter por cinco xelins — sendo esse o preço de admissão na galeria; ou, se um homem preferisse a alta sociedade da plateia, mesmo isso podia ser obtido por meio guinéu; ou, de fato, por menos de meia coroa, se o ingresso fosse comprado antecipadamente nas lojas de música. E, além da música do palco e da orquestra, eu tinha tudo à minha volta, nos intervalos da apresentação, a música da língua italiana falada por mulheres italianas — pois a galeria era geralmente lotada de italianas — e eu ouvia com um prazer tal qual Weld, o viajante,[28] ouvia no Canadá a doce risada de mulheres indianas, pois, quanto menos você entende uma língua, mais sensível você é à melodia ou à aspereza do seu

---

[28] Isaac Weld (1774 – 1856), escritor, explorador e artista topográfico irlandês que viajou extensivamente, principalmente pelos Estados Unidos e Canadá, e publicou livros sobre suas explorações. (N. da T.)

som. Para tal propósito, no entanto, era uma vantagem para mim que naqueles dias eu era um pobre estudante de italiano: pouco sabia ler a língua, não falava nada e não entendia um décimo do que havia escutado.

 Esses eram meus prazeres com a ópera. Mas eu tinha outro prazer, que como só podia ser desfrutado nas noites de sábado, ocasionalmente lutava com amor pela ópera, pois, naqueles anos, terça-feira e sábado eram os dias em que regularmente havia óperas sendo apresentadas. Quanto a esse assunto, temo ter que ser bastante obscuro, mas, posso assegurar ao leitor, não mais do que Marino em *Vida de Proclo* ou muitos outros biógrafos e autobiógrafos de boa reputação. Esse prazer, como eu disse, só podia ser obtido nas noites de sábado. O que representava, então, a noite de sábado mais do que qualquer outra noite? Eu não tinha trabalho do qual descansar, nem salário para receber; por que eu precisava me preocupar mais com a noite de sábado do que com o compromisso de ouvir Grassini? É verdade, lógico leitor, o que dizeis é, e sempre será, irrespondível. E tanto era que, enquanto diferentes homens estão aptos a mostrar seu interesse no que aflige os pobres principalmente por mostrar solidariedade às suas desgraças e tristezas, naquela época, eu estava disposto a expressar o meu interesse me solidarizando com seus prazeres. Vi muito das dores da pobreza ultimamente — mais do que desejo lembrar — mas os prazeres do pobre, suas esperanças, as consolações de seu espírito e o descanso da labuta nunca podem se tornar opressivos ao ser contemplados. Então, a noite de sábado é a razão para a principal volta regular e periódica do descanso ao pobre, e para todos que vivem de trabalho braçal. Nesse ponto os setores mais parecidos se unem e reconhecem um elo comum de fraternidade: quase toda a cristandade descansa do trabalho.

É um descanso introdutório a outro descanso, e dividido por um dia inteiro e duas noites da renovação da labuta. Quanto a isso, sempre me sinto em uma noite de sábado como se eu também fosse solto de algum jugo da escravidão, tivesse alguns pagamentos para receber e algum luxo de repouso para desfrutar. Portanto, para testemunhar o máximo possível um espetáculo com o qual eu simpatizava bastante, nas noites de sábado eu costumava, após tomar ópio, vagar, sem me preocupar muito com a direção ou a distância, por todos os mercados e outras partes de Londres, para os lugares a que os pobres recorrem em uma noite de sábado para deixar seu salário. Tive a oportunidade de escutar muitos grupos familiares, consistindo em um homem, sua esposa e às vezes um ou dois de seus filhos, enquanto eles checavam suas condições, a extensão de suas finanças ou o preço de artigos para casa. Gradualmente fui ficando familiarizado com seus desejos, dificuldades e opiniões. Às vezes, ouviam-se murmúrios de descontentamento, mas se percebia muito mais nas expressões faciais ou nas palavras de paciência, esperança e reconciliação. No geral, a impressão que ficou na minha memória era de que os pobres são mais filosóficos do que os ricos, que eles mostram uma submissão mais pronta e alegre ao que consideram males irremediáveis ou perdas irreparáveis. Sempre que eu considerava viável, ou julgava possível sem ser invasivo, juntava-me a esses grupos e dava minha opinião na questão em discussão que, se não era com frequência criteriosa, era sempre recebida com condescendência. Se os salários fossem um pouco mais altos, ou esperava-se que fossem — se o preço do pão estivesse um pouco mais baixo ou houvesse registro de que o da cebola e da manteiga estivesse caindo — eu ficava feliz; todavia, se fosse o contrário, eu tirava do ópio uma forma de consolo. Pois o ópio (como a abelha que extrai seus materiais indiscriminadamente de rosas e da fuligem das chaminés) pode dominar todos os sentimentos para estar em conformidade com a ordem. Algumas dessas divagações me levaram longe, pois um comedor de ópio fica feliz demais ao observar o movimento do tempo. E, às vezes, em minhas tentativas de me dirigir para casa baseado em princípios náuticos, ao fixar meu olho na estrela polar e procurar ambiciosamente por uma passagem na direção noroeste, em vez de circum-navegar todos os cabos e promontórios que eu havia dobrado na minha viagem para fora, deparei-me de repente com questões difíceis envolvendo becos sem ressonância, entradas tão intrincadas e ruas que mais pareciam o enigma da esfinge sem as saídas e vias óbvias, que devem desconcertar a audácia de porteiros e confundir as mentes de cocheiros de aluguel. Eu quase acreditei, algumas vezes, que eu devia ser o primeiro descobridor de algumas dessas *terrae incognitae*,[29] e duvidei se elas haviam já sido incluídas nos modernos mapas de Londres. Com certeza, em uma passagem para o sul de Holborn (conhecido, não tenho dúvida, de muitos de meus leitores londrinos), a estrada cortava a cozinha de um homem e, como era pequena, você precisava desviar cuidadosamente ou então acabaria atropelando a frigideira. Por tudo isso, entretanto, paguei um preço alto ao longo dos anos, quando o rosto humano tiranizava meus sonhos e as surpresas dos meus passos em Londres voltavam e assombravam meu sono com o sentimento de perplexidades, morais e intelectuais, que traziam confusão à razão, o que me causava angústia e remorso.

Assim demonstrei, ou tentei demonstrar, que o ópio não necessariamente leva à prostração ou ao entorpecimento, e sim que, ao contrário, sempre me conduziu a mercados e teatros.

---

29 Latim: terras desconhecidas. (N. da T.)

Com franqueza, admitirei que mercados e teatros não são os refúgios preferidos do comedor de ópio quando atinge o mais divino estado do seu aproveitamento. Nessa situação, multidões se tornam opressoras; a música, sensual e grosseira demais. Ele naturalmente busca solidão e silêncio como condição indispensável àqueles transes ou devaneios profundos, que são o coroamento e a consumação do que o ópio pode fazer pela natureza humana. Eu, cuja doença era meditar demais e observar pouco, e que após minha primeira admissão na faculdade estava quase caindo em profunda melancolia, por me preocupar demais com os sofrimentos que havia testemunhado em Londres, estava consciente o bastante dessas tendências em meu pensamento para fazer tudo que podia para combatê-las. Na verdade, eu era como uma pessoa que, de acordo com a velha lenda pagã, tinha entrado na caverna de Trofônio, e os remédios que eu buscava eram para forçar minha posição na sociedade e manter minha compreensão em contínua atividade mesmo com sutis especulações filosóficas. Se não fosse por esses remédios, certamente eu teria me tornado hipocondríaco e melancólico. Nos anos seguintes, no entanto, quando minha alegria estava mais restabelecida, rendi-me à minha inclinação natural para uma vida solitária. Naquela época, eu sempre tinha esses devaneios após usar ópio, e muitas vezes aconteceu comigo em uma noite de verão — quando ficava sentado em uma janela aberta, de onde podia olhar o mar a uma milha de distância e, ao mesmo tempo, vislumbrar uma grande cidade em um raio diferente, mas quase a mesma distância — de permanecer estático como se estivesse congelado, desde o pôr do sol até o amanhecer, por todas as horas da noite, sem consciência de mim mesmo como um objeto distinto da cena multiforme que eu contemplava de cima. Tal cena, com todos os seus elementos, era frequentemente compreendida por mim como parte do bairro de Everton. Obliquamente à esquerda fica Liverpool, a cidade de muitas línguas; e obliquamente à direita, o vasto mar. A cena em si era algo típica do que acontecia em devaneios como esses. Liverpool representava a terra, com suas tristezas e túmulos deixados para trás, embora ainda à vista e não completamente esquecida. O oceano, em uma agitação infinita, mas suave, com a calma de um passarinho, talvez de maneira adequada caracterize a mente e o humor que ela emana. Pois parecia que era a primeira vez que eu me colocava a distância, alheio à agitação da vida; como se o tumulto, a inquietação e a discórdia estivessem suspensos; um alívio garantido dos fardos secretos do coração — um sábado de repouso, um descanso dos trabalhos humanos. Ali estavam as esperanças que florescem nos caminhos da vida, reconciliadas com a paz que há no túmulo; movimentos da mente tão infatigáveis quanto os do céu, e, substituindo todas as ansiedades, uma calma reparadora, uma tranquilidade que não parecia um produto da inércia, e sim resultado de antagonismos equilibrados; atividades infinitas, repousos infinitos.

Ó, justo, sutil e conquistador ópio, que igualmente alivias como um bálsamo no coração de ricos e pobres as feridas que nunca cicatrizarão e as dores que "tentam o espírito a se rebelar".[30] Eloquente ópio, que, com tua potente retórica, roubas as razões da ira, imploras por misericórdia e por uma noite de sono celestial trazes de volta ao criminoso as visões da infância, mãos lavadas de sangue. Ó, justo e correto ópio, que reúnes no tribunal dos sonhos, para o triunfo de inocentes desesperados, falsas testemunhas e confundes o perjúrio e revertes sentenças

---

30 Alusão a um verso do poema "The White Doe of Rylstone" [A Corça Branca de Rylstone], do poeta inglês William Wordsworth. Ver nota 1. (N. da T.)

de juízes honestos. Tu constróis no seio da escuridão, saídos do imaginário da mente, cidades e templos, para além das artes de Fídias e Praxiteles, além dos esplendores da Babilônia e de Hecatômpilo. E "da anarquia que é dormir e sonhar", conclamas para a luz do sol as faces de belezas há tempos enterradas e abençoados semblantes familiares purificados das "desonras da sepultura". Tu dás esses dons ao homem e tu tens a chave do paraíso, ó, justo, sutil e poderoso ópio!

* * *

Cortês e, assim espero, indulgente leitor, tendo me acompanhado até aqui, ou seja, 1804 (quando meu relacionamento com o ópio começou), agora peço que andemos oito anos à frente, até 1812. Os anos de vida acadêmica acabaram, estão quase esquecidos. O chapéu de estudante já não pressiona minhas têmporas; se há algum chapéu, ele agora está acomodado na cabeça de algum estudante jovem, espero que tão feliz quanto eu fui como um apaixonado amante do conhecimento. Ouso dizer que minha toga hoje está na mesma condição que os milhares de livros da biblioteca Bodleiana, isto é, diligentemente sendo examinada por vermes e traças, ou sumida, ou talvez tenha sido recolhida (que é tudo o que sei de seu destino) àquele grande depósito em algum lugar em que todas as xícaras, coadores, bules e chaleiras foram guardadas, cuja semelhança com a atual geração de jogos de chá me faz lembrar de uma vez tê-los possuído, mas sobre cuja sorte final eu, assim como outros formandos da mesma universidade, poderia ter apenas uma obscura e vaga ideia. A repressão que sofria do sino da capela, que soava suas indesejáveis badaladas pela manhã, não interrompe mais meu sono; quem o tocava está morto e parou de perturbar todo mundo, e eu, como muitos outros que muito sofreram com sua disposição tilintante, decidi agora ignorar seus erros e o perdoei. Até com o sino agora sou solidário; ele toca, suponho que três vezes ao dia, como antigamente, e cruelmente aborrece, sem dúvida, muitos cavalheiros de valor e perturba sua paz de espírito. Quanto a mim, neste ano de 1812, não me importo mais com seu ruído traiçoeiro (o chamo de traiçoeiro, pois, por meio de uma malícia refinada, ele falava comigo em tons doces e prateados como se estivesse me convidando para uma festa), mas seus tons não têm mais o poder de me atingir. Deixemos o vento soprar de modo tão favorável quanto a malícia do sino possa desejar, pois estou a 250 milhas de distância dele, enterrado nas profundezas das montanhas.

E o que estou fazendo em meio às montanhas? Usando ópio. Sim, o que mais seria? Bem, caro leitor, nos últimos anos venho estudando principalmente a metafísica alemã, por meio dos escritos de Kant, Fichte e Schelling, entre outros. E como, de que modo, eu vivo? Resumidamente, a que classe de homens pertenço? Neste ano de 1812, estou morando em um casebre, e com uma única criada (*honi soit qui mal y pense*),[31] que, para meus vizinhos, passa por "governanta". E, como um erudito e homem de elevada instrução, posso me classificar como um membro sem valor de uma entidade indefinida chamada "cavalheiros". Em parte pelo que já mencionei e porque, não tendo nenhum compromisso visível, julgava-se corretamente que eu estaria vivendo de minha fortuna particular. Sou assim classificado pelos meus vizinhos, e por cortesia da Inglaterra moderna, sou geralmente citado em

....
31 Francês: envergonhe-se quem nisso vê malícia. (N. da T.)

cartas como Esquire,[32] embora não tenha pretensão a essa distinta honra, mesmo me vestindo como um valete de paus ou ouro. Sim, na opinião popular, sou X. Y. Z., Esquire, mas não juiz de paz, nem guarda dos arquivos. Sou casado? Ainda não. E ainda uso ópio? Nas noites de sábado. E, talvez, tenha usado sem me envergonhar desde os "domingos chuvosos", do "monumental Pantheon" e do "farmacêutico beatífico" de 1804? Desde então. E como está minha saúde depois de todo esse consumo de ópio? Em resumo, como estou? Bem, muito bem, obrigado, caro leitor. De fato, para dizer a simples verdade (embora, a fim de satisfazer as teorias de alguns médicos, eu devesse estar doente), nunca estivera melhor em minha vida do que na primavera de 1812, e espero secretamente que a quantidade de clarete, Porto ou de um "Madeira específico de Londres", que é bem provável que vós, bom leitor, tenhais tomado, e planejais tomar, por cada período de oito anos de sua vida, possa causar o mínimo de transtorno possível à vossa saúde assim como todo o ópio que usei pouco causou à minha (embora a quantidade tenha sido suficiente para que eu me banhasse e nadasse nele) nos anos de 1804 a 1812. Daí se pode ver novamente o perigo de seguir qualquer conselho médico de Anastasius:[33] quanto a assuntos de divindade, pelo que sei, ele pode ser um conselheiro seguro, mas não em medicina. Não, seria muito melhor consultar o doutor Buchan, como eu fiz, pois nunca esqueci a excelente sugestão desse valoroso homem e fui "especialmente cuidadoso para não tomar mais do que 25 onças de láudano". Graças a esse uso moderado e cauteloso do

---

32 Título de cortesia que era concedido no Reino Unido a certos membros da nobreza ou homens de maior posição na hierarquia social. (N. da T.)

33 Personagem da obra *Anastasius, or the Memoirs of a Greek*, escrita por Thomas Hope (1769 – 1831) e publicada em 1819. (N. da T.)

artigo em questão, pelo menos até 1812 não conheci os vingativos terrores que o ópio guarda para quem abusa de um longo sofrimento. Embora eu tenha sido apenas um usuário diletante de ópio, mesmo com a prática de oito anos, com a singular precaução de permitir intervalos suficientes entre cada ato de indulgência, isso não foi o bastante para fazer do ópio uma necessidade para mim como um artigo de dieta diária.

Mas agora chega uma era diferente. Saltai, então, leitor, por favor, para o ano de 1813. No verão do ano que acabamos de deixar para trás, eu havia sofrido muito no corpo das angústias da mente relacionadas com um episódio de melancolia. Esse episódio, sem estar de forma alguma associado com o assunto de que aqui trato e para além das enfermidades corporais que ele me trouxe, não merece mais ser notado. Se essa doença de 1812 teve alguma participação na de 1813, não tenho como saber. Mas, no fim daquele ano, fui acometido por uma severa inflamação no estômago, em todos os aspectos muito parecida com a que havia me causado tanto sofrimento na juventude, que veio acompanhada por um ressurgimento de todos os antigos sonhos. Foi aí que, já no ano de 1813, tornei-me um consumidor regular e constante (não mais intermitente) de ópio. E aqui me encontro em um confuso dilema. Se devo eu, por um lado, cansar a paciência do leitor por entrar em detalhes quanto à minha doença e as batalhas que travei com ela, pois deve bastar estabelecer o fato de que fui incapaz de lutar por muito tempo com a inflamação e o sofrimento frequentes; ou, por outro lado, se eu passar muito brevemente por esse momento crítico da minha história, devo abdicar do benefício de uma impressão mais forte deixada na mente do leitor e me colocar a serviço de um interpretação errada de ter pulado, pelos passos fáceis e graduais de pessoas autoindulgentes, do primeiro para o último estágio do consumo de ópio (uma interpretação para a qual haverá uma predisposição à espreita na maioria dos meus leitores baseados em minhas confissões prévias). Esse é o dilema, a primeira alternativa é acabar perdendo minha reputação. Resta, então, que eu postule o quanto for necessário a meu favor. E deixai-me levar todo o crédito por isso, bom leitor, às custas da vossa paciência e da minha. Não sejais tão mesquinho a ponto de me deixar sofrer em vossa boa opinião por meio de minha própria tolerância e consideração pelo vosso conforto. Não, acreditai em tudo que vos peço — isto é, que eu já não podia resistir — acreditai abertamente, por um ato de graça, e mesmo por pura prudência, pois, do contrário, na minha próxima edição, farei com que acrediteis e tremais. E, *à force d'ennuyer*,[34] pela simples potência da pandiculação, vulgarmente chamada de bocejo, aterrorizarei todos os meus leitores novamente questionando qualquer postulado que eu achar adequado fazer.

Então, repito: postulo que, na época em que comecei a usar ópio diariamente, eu não poderia ter feito diferente. Se mais tarde eu não vim a ser bem-sucedido em abandonar o hábito, mesmo quando me pareceu que todo o empenho seria ineficaz, e se muitos dos inúmeros esforços não duraram muito tempo e minha gradual reconquista de terreno perdido não tenha continuado com a mesma energia, são perguntas que me recuso a responder. Talvez eu deva redigir um caso de paliação, mas (devo falar ingenuamente?), eu confesso, como uma insistente enfermidade que tenho, que sou muito eudemonista; anseio muito por um estado de felicidade, tanto para mim como para os outros;

---

34 Francês: para vos aborrecer. (N. da T.)

não consigo encarar a tristeza, seja minha ou alheia, com um ar suficientemente firme e sou pouco capaz de encontrar na dor um benefício para o futuro. Quanto a outras questões, posso concordar com o cavalheiro no mercado de algodão de Manchester, que afetava ares da filosofia estoica, mas não neste caso. Aqui, tomo a liberdade de um filósofo eclético e procuro por uma seita gentil e atenciosa que será mais condescendente com a condição enferma de um comedor de ópio, o tipo de homem agradável e gentil, tal como Chaucer descreve, para ouvir a confissão e dar sua absolvição, mostrando alguma consciência nas penas que aplica ou na dedicação à abstinência que reivindica de pobres pecadores como eu. No meu estado nervoso, não posso suportar um moralista desumano mais do que não suporto o ópio que ainda não foi fervido. De qualquer forma, aquele que me convoca para enviar uma carga pesada de abnegação e entorpecimento sob o pretexto de qualquer desenvolvimento moral deve deixar claro que sua preocupação tem boas intenções. Na minha idade (36 anos de vida), não é possível supor que eu tenha muita energia; na verdade, encontro muito pouca para as atividades intelectuais que tenho nas mãos. Portanto, que ninguém espere me afugentar com umas poucas palavras duras carregadas de tentativas desesperadas de moralismo.

Desesperado ou não, todavia, o problema da batalha que enfrentei em 1813 foi o que mencionei, e a partir dessa data o leitor deve me considerar um comedor de ópio regular e constante, para quem perguntar em qualquer dia se ele havia ou não usado ópio era como perguntar se seus pulmões haviam respirado ou se o coração desempenhava suas funções. Portanto, agora, leitor, vós entendeis o que sou, e a essa altura estais ciente de que nenhum velho cavalheiro, com uma "barba branca como a neve", terá qualquer chance de me persuadir (como Anastasius) a me render ao "pequeno receptáculo dourado da perniciosa droga". Não, digo a todos eles, moralistas ou médicos, quaisquer que sejam as pretensões e habilidades em suas respectivas linhas de atuação, que não esperem por nenhuma aprovação de minha parte, se pensam em começar com alguma proposta selvagem de abstinência de ópio para a quaresma ou o Ramadã. Estando esse assunto compreendido entre nós, no futuro navegaremos contra o vento. Então, leitor, do ano de 1813, sobre o qual estivemos sentados e passando o tempo, levantai-vos, por favor, caminhai três anos para a frente, abri as cortinas e podereis me ver em uma nova identidade.

Se qualquer homem, rico ou pobre, tivesse de dizer que nos contaria qual havia sido o dia mais feliz de sua vida e a razão, suponho que devêssemos todos gritar "Atenção! Atenção!". Quanto ao dia mais feliz, deve ser muito difícil para qualquer homem sensato indicar, porque qualquer acontecimento que ocupasse um lugar distinto na vida desse homem ou pudesse proporcionar felicidade especial, destacada e suprema, deveria ter uma característica tão duradoura que o faria (sem contar imprevistos) continuar derramando a mesma felicidade por muitos anos, e não poderia ser menos do que isso. Um homem pode, contudo, apontar para o lustro mais feliz, ou o ano mais feliz, sem abdicar de sua sabedoria. Esse ano, no meu caso, caro leitor, é aquele a que agora chegamos, embora ele esteja posicionado, eu confesso, entre anos de natureza mais sombria. Foi um ano de águas brilhantes (para falar à maneira dos joalheiros), estabelecido, por assim dizer, e isolado, sob a sombra lúgubre do ópio. Pode parecer estranho, mas, antes dessa época, eu havia de repente reduzido meu consumo de ópio, sem qualquer esforço considerável, de 330 grãos (isto é, oito mil gotas de láudano) ao dia para 40 grãos, um oitavo do consumo anterior. Instantaneamente, como em um passe de mágica, a nuvem da mais profunda melancolia que pairava sobre minha mente, como vapores negros que sobrevoam o cume de uma montanha, desapareceu em uma semana, passou com suas flâmulas soturnas como um navio que estivera encalhado e é carregado por uma mudança de maré

que move tudo, se é que algo se move.[35]

Então, eu estava feliz novamente: tomava apenas mil gotas de láudano por dia. E o que isso significava? Meu cérebro desempenhava suas funções de forma tão saudável quanto antes. Li Kant de novo e mais uma vez o entendi, ou imaginei ter entendido. Novamente minha sensação de prazer se expandiu em torno de mim, e se qualquer homem de Oxford ou Cambridge, ou de nenhuma das duas universidades, tivesse sua chegada anunciada ao meu despretensioso casebre, eu ter-lhe-ia dado as boas-vindas com uma recepção tão suntuosa quanto um homem tão pobre pudesse dar. Se disso dependesse a felicidade de um homem, eu daria a ele quanto de láudano ele desejasse, e em uma caneca banhada a prata, se não a ouro. E, a propósito, agora que estou falando de distribuir láudano, lembro de um pequeno incidente dessa época que menciono porque, insignificante como foi, o leitor logo irá encontrá-lo novamente em meus sonhos, que influenciou mais do que podia ser imaginado. Um dia, um malaio bateu à minha porta. Quais assuntos teria um malaio para tratar em meio aos

---

35 Verso tirado do poema "Resolução e Independência", composto em 1802, e publicado em 1807, pelo poeta inglês William Wordsworth (1770 – 1850). (N. da T.)

refúgios das montanhas inglesas não está na minha competência conjecturar, mas, provavelmente, ele estava a caminho do porto, isto é, Whitehaven, Workington ou outra cidade próxima, cerca de 40 milhas de distância.

A criada que abriu a porta para ele era uma moça, nascida e criada nas montanhas, que nunca havia visto uma indumentária asiática de qualquer tipo: seu turbante, portanto, a desconcertou um pouco, e como seu conhecimento de inglês era proporcional ao dela de malaio, pareceu haver um abismo intransponível de câmbio de ideias entre eles — se é que tinham alguma. Nesse dilema, a garota, recordando-se do conceituado conhecimento de seu senhor (e, sem dúvida, supondo que eu conhecia todas as línguas do mundo, além, talvez, de umas línguas lunares), anunciou que havia uma espécie de demônio lá embaixo, que ela claramente imaginou que a minha habilidade poderia exorcizar da casa. O grupo que se apresentou, formado como se por acidente, apesar de não muito elaborado, tomou a minha imaginação e minha visão com mais força do que qualquer uma das atitudes exageradas das pessoas que frequentavam os balés e óperas, embora tão ostensivamente complexo. Na cozinha de um casebre, depois de passar pela entrada de um rústico vestíbulo, ladeada por uma parede coberta por uma madeira vermelha que pela idade e pelo polimento lembrava o carvalho, estava o malaio: seu turbante e suas calças largas de um branco de aparência suja eram um alívio diante do fundo escuro; ele tinha se posicionado mais próximo da garota do que ela parecia apreciar, embora sua alma nativa da intrepidez da montanha rivalizasse com a sensação de simples espanto que seu semblante expressou quando ela olhou para o ser exótico diante dela. Uma imagem mais marcante não poderia ser imaginada do que o belo rosto de feições inglesas da garota, e seu florescer requintado, em conjunto com sua postura ereta e independente, em contraste com a pele amarelada e biliosa do malaio, folheada de tons amarronzados pelo clima e pelo ar marinho, seus olhos pequenos, intensos e inquietos, lábios finos, gestos e reverência servis. Meio escondido pela aparência feroz do malaio estava um menino do casebre vizinho que havia se arrastado atrás dele e estava agora direcionando seu olhar para a cabeça, o turbante e os olhos ardentes abaixo dele, enquanto com uma mão segurava no vestido da adorável garota em busca de proteção.

Meu conhecimento de línguas orientais não é notavelmente extenso, sendo, na verdade, restrito a duas palavras — a palavra árabe para cevada e a turca para ópio (*madjoon*), que aprendi com Anastasius. E, como eu não possuía nenhum dicionário malaio, nem mesmo *Mithridates*, de Adelung,[36] que poderia ter me ajudado com umas poucas palavras, dirigi-me a ele utilizando alguns versos da *Ilíada*,[37] considerando que das línguas que eu conhecia, o grego era a que, geograficamente, situava-se mais ao leste. Ele me reverenciou de uma maneira devota e respondeu no que eu supus ser malaio. Dessa forma, preservei minha reputação de ser um linguista entre os vizinhos, pois o malaio não tinha como entregar meu segredo. Ele se deitou no chão por uma hora e depois seguiu viagem. Na partida, dei a ele, *inter alia*,[38] um pedaço de ópio. Como nativo do leste, eu não tinha dúvidas de que o ópio era para ele mais familiar do que o pão de cada dia, e a

---

36 *Mithridates* é uma espécie de tabela universal dos idiomas, publicada pelo filólogo alemão Johann Christoph Adelung (1732 – 1806), em 1806. (N. da T.)
37 Poema épico da Grécia Antiga, cuja autoria é atribuída ao poeta Homero, narra os dez anos da Guerra de Troia. (N. da T.)
38 Latim: entre outras coisas. (N. da T.)

expressão em seu rosto confirmou minha suposição. No entanto, fiquei um pouco consternado quando o vi rapidamente erguer a mão até a boca e engolir sem mastigar o pedaço todo, que estava dividido em três. A quantidade era suficiente para matar meia dúzia de dragões, assim como seus cavalos, supondo que nem bípedes nem quadrúpedes são comedores de ópio regularmente treinados. Assustei-me com a pobre criatura, mas o que poderia ser feito? Eu lhe havia dado o ópio por pura compaixão por sua vida solitária, já que, se ele fizesse o caminho até Londres a pé, seriam quase três semanas sem trocar uma palavra com qualquer ser humano. Será que eu devia ter violado as leis da hospitalidade o mantendo cativo e encharcado com uma substância emética, dando-lhe, assim, a impressão de que iríamos sacrificá-lo a algum ídolo inglês? Não, claramente não era possível evitar. O estrago, se houvesse algum, já estava feito. Ele partiu, e por alguns dias me senti ansioso, mas como nunca soube de nada a respeito de um malaio ou de um homem usando um turbante ser encontrado morto em alguma parte da estrada parcamente povoada entre Grasmere e Whitehaven, comecei a aceitar que ele estava familiarizado com o ópio e que eu devia ter prestado a ele a recompensa a que me propus, fornecendo-lhe uma noite de alívio das dores que o vagar causa ao corpo.

Acabei de mencionar esse incidente, pois esse malaio (em virtude do espetáculo pitoresco que me proporcionou e também à ansiedade que me atrelou a ele por alguns dias) rapidamente adentrou minha imaginação, e a partir dela meus sonhos, trazendo com ele outros malaios piores do que ele, que me perturbavam e me levavam para um mundo de problemas noturnos. Mas finalizemos esse episódio e voltemos ao meu ano intercalar de júbilo. Eu já disse que em um assunto tão importante para nós quanto a felicidade, deveríamos ouvir com prazer o relato da experiência de qualquer homem, mesmo que ele fosse apenas um camponês, que supostamente não arou um solo tão intratável quanto aquele das dores e prazeres humanos ou conduziu pesquisas sobre quaisquer princípios bem iluminados. Mas eu, que ingeri a felicidade, tanto na forma sólida como líquida, tanto fervida como não fervida, tanto do leste indiano como da Turquia — que conduzi meus experimentos nesse assunto tão interessante com uma espécie de bateria galvânica e, para o benefício geral do mundo, inoculei em mim mesmo, por assim dizer, o veneno de oito mil gotas de láudano ao dia (pelo mesmo motivo que um médico francês se inoculou recentemente com células cancerígenas, um inglês 20 anos atrás com a praga e um terceiro, que também era inglês, com hidrofobia) — é preciso admitir que hoje, com certeza, devo saber o que é a felicidade, se é que alguém sabe. Portanto, apresentarei aqui uma análise da felicidade e, como o mais interessante modo de comunicar isso, não serei muito didático, e resumirei como passei cada noite desse ano intercalar quando o láudano, embora ingerido diariamente, era para mim não mais do que o elixir do prazer.

Imaginemos uma casinha situada em um vale, a oito milhas de qualquer cidade. Esse vale não é muito espaçoso, mas tem cerca de duas milhas de extensão e três quartos de milha de largura. A maior vantagem dessa composição é que todas as famílias que residem naquele circuito continuam sendo, por assim dizer, mais ou menos fonte de interesse. Imaginemos montanhas reais, entre três ou quatro mil pés de altura, e que a casinha seja uma de verdade, não (como disse um autor espirituoso) "uma casinha com garagem para duas carruagens"; imaginemos na verdade (pois irei me ater à cena) uma casinha branca, enfeitada com arbustos de flores, assim escolhidas para revelar uma sucessão de flores sobre os muros e em torno das janelas, por todos os meses da primavera, verão e outono, começando, de fato, com as rosas de maio e terminando com o jasmim. Imaginemos, no entanto, que não seja primavera, nem verão, nem outono, e sim inverno, na sua forma mais severa. Este é o ponto mais importante na ciência da felicidade. E fico surpreso de ver pessoas o subestimando, como se na verdade fosse uma questão de alegria ver o inverno se despedir, ou, quando ele estiver vindo, que não será muito severo. Ao contrário, eu faço um abaixo-assinado anualmente para que venha tanta neve, granizo, geada ou tempestade quanto os céus podem suportar. Certamente, todos estão cientes dos prazeres divinos que acompanham uma lareira no inverno — velas acesas às quatro da tarde, um braseiro quente, chá, uma boa chaleira, janelas fechadas, cortinas caindo em amplos drapeados até o chão, enquanto o vento e a chuva se enfurecem ruidosamente,

Como se as portas e janelas estivessem a chamar,
O céu e a terra parecem um só se formar;
Mas entrada não há nenhuma a encontrar,
Enquanto no enorme vestíbulo nosso descanso torna-se mais doce.]
— "The Castle of Indolence".[39]

Tudo isso constitui uma descrição de uma noite de inverno que deve com certeza ser familiar a todos os nascidos em uma latitude alta. E é evidente que a maioria dessas sutilezas não pode estar amadurecida sem um clima de alguma forma tempestuoso ou inclemente. Não estou sendo "específico" se havia neve, ou

---

[39] "The Castle of Indolence" ["O Castelo da Indolência"], poema do escocês James Thomson (1700 – 1748) publicado em 1748. (N. da T.)

geada negra, ou um vento forte ao ponto de (como diz o senhor Clarkson Antiescravidão) "fazer você apoiar as costas como uma estaca". Consigo suportar até a chuva, desde que chova torrencialmente, ou, como dizem alguns, "chova canivetes"; mas algo do tipo deve haver. E, se não houver, sinto que fui enganado, pois por que então gastei tanto com carvão e velas no inverno se para nada do tipo servirão? Não, quero um inverno canadense pelo dinheiro que gastei, ou um russo, em que todo homem é coproprietário de um vento vindo do norte por uma taxa mínima. De fato, pareço muito com Epicuro nessa questão de não poder desfrutar completamente de uma noite de inverno se já passou muito do Dia de São Tomás, pois estaria já no caminho de tendências abjetas primaveris. Na verdade, deve haver uma divisão com grossas paredes separando as noites escuras de toda luz e raios solares. O período que começa, portanto, na primeira semana de novembro e vai até o fim de janeiro, passando pela véspera de Natal, é quando a felicidade está em alta, e entra no quarto com a bandeja de chá. Pois o chá sempre será a bebida favorita do intelectual, embora ridicularizado por aqueles que são toscos em suas sensibilidades nervosas ou ficaram assim por beber vinho demais e não estão suscetíveis à influência de um estimulante tão refinado. Por mim, teria me juntado ao doutor Johnson na *bellum internecinum*[40] contra Jonas Hanway ou qualquer outra pessoa ímpia que teria presumido depreciá-lo. Mas agora, para me poupar o trabalho de excessiva descrição, apresentarei um pintor e dar-lhe-ei instruções até o fim da pintura. Pintores não gostam de casebres, a não ser que sejam um pouco manchados pelo clima, mas como o leitor agora entende que se trata de uma

---

40 Latim: guerra que extermina. (N. da T.)

noite de inverno, seus serviços não serão exigidos exceto quanto ao interior da casa.

Pintai, então, uma sala de cinco metros por três e meio e não mais do que dois metros e vinte de altura. Isso, leitor, é o que na minha família chamamos ambiciosamente de sala de visitas, mas tendo "contas para pagar", também é mais justamente chamada de biblioteca, pois livros são os únicos bens nos quais sou mais rico do que meus vizinhos. Tenho cerca de cinco mil, adquiridos gradualmente desde os meus 18 anos. Portanto, pintor, colocai quantos puderdes nesse espaço. Tornai-o populoso em livros; além disso, pintai uma boa lareira e móveis simples e modestos, adequados ao despretensioso casebre de um homem culto. Perto da lareira, pintai uma mesa de chá e (como está claro que nenhuma criatura pode visitar alguém em uma noite tempestuosa) colocai apenas duas xícaras e pires na bandeja. E, se souberdes como pintar tal coisa, mesmo que simbolicamente, pintai uma jarra de chá eterna — eterna, pois eu geralmente bebo chá das oito da noite às quatro da manhã. E como é muito desagradável ter de fazer o chá ou servi-lo para mim mesmo, pintai uma adorável jovem sentada à mesa. Que os braços dela sejam como os de Aurora, seus sorrisos, como os de Hebe. Mas não! Nem mesmo por brincadeira deixai-me insinuar que vosso poder de iluminar meu casebre recai sobre uma posse tão perecível quanto mera beleza pessoal ou que a bruxaria contida em sorrisos angelicais habite os domínios de um pincel terreno qualquer. Passai, então, meu bom pintor, para algo mais dentro das capacidades desse instrumento, e o próximo item a ser destacado seria eu mesmo — uma imagem do comedor de ópio, com seu "pequeno receptáculo dourado da perniciosa droga" repousando ao lado dele na mesa. Quanto ao ópio, não me oponho a ver uma imagem dele; podeis pintá-lo, se quiser, mas vos informo que nenhum "pequeno" receptáculo teria, mesmo em 1816, atendido ao *meu* propósito, que estava a uma longa distância do "monumental Pantheon" e de todos os farmacêuticos (mortais ou não). Não, vós podeis também pintar o receptáculo verdadeiro, que não era de ouro, e sim de vidro, e muito mais parecido com um decanter de vinho. Na verdade, um dia, em consequência de uma série de experimentos bem concebidos, eu descobri que era mesmo um decanter. Dentro dele, podeis colocar um quarto de láudano da cor do rubi. Isso e um livro de metafísica alemã ao seu lado serão suficientes para atestar minha presença na vizinhança. Mas quanto a mim, não estou bem certo. Admito, naturalmente, que eu deva ocupar o primeiro plano da pintura, que, sendo o herói da peça ou (se preferirdes) o culpado, meu corpo deveria ser mostrado no tribunal. Parece razoável, mas por que eu deveria a essa altura confessar a um pintor? Ou por que confessar? Se o público (em cujos ouvidos privados estou confidencialmente sussurrando minhas *Confissões*, e não nos de um pintor) tivesse a oportunidade de visualizar uma imagem agradável da aparência do comedor de ópio — tivesse atribuído a ele, romanticamente, elegância e um rosto bonito, atrativo tanto ao público como a mim — por que eu iria barbaramente manchá-la em sua ilusão? Não, pintai-me, se desejar, de acordo com sua própria imaginação. E já que a imaginação de um pintor é compatível com belas criações, não deixarei, dessa forma, de estar em vantagem.

Agora, leitor, percorremos todas as dez etapas da minha condição, chegando até 1816-1817, até o meio do último ano em que julguei ser um homem feliz. E os elementos daquela felicidade me empenhei para dispor diante de vós, no esboço acima do interior da biblioteca de um erudito, em um casebre em meio às montanhas, em uma noite tempestuosa de inverno, quando a chuva caía contra a janela com vingança e maldade e com tal escuridão que não deixava distinguir o contorno da própria mão.

Mas agora adeus, um longo adeus, à felicidade, inverno ou verão! Adeus aos sorrisos e risadas! Adeus à paz de espírito, à tranquilidade dos sonhos e ao consolo abençoado do sono! Pois mais de três anos e meio fui afastado deles. Aqui se abre sobre mim uma ilíada de sofrimentos, pois agora passarei a narrar...

PARTE III

AS DORES DO ÓPIO

Como quando algum grande pintor imerge
Seu pincel na escuridão do terremoto e do eclipse.
— "The Revolt of Islam", de Shelley.[41]

De vós, leitor, que me acompanhastes por todo esse trajeto, exijo agora a atenção, antes que avancemos, para algumas notas explicativas.

Já estais ciente, espero — embora possa ter uma opinião negativa sobre como raciocino — de que as tristezas proporcionadas pelo ópio, que estão agora em vias de ser trazidas à tona nesta narrativa, estão relacionadas às minhas dificuldades iniciais em Londres (e portanto, mais remotamente àquelas no País de Gales) por vínculos naturais — isto é, a primeira série de sofrimentos gerou a última. Caso contrário, estas *Confissões* seriam

---

41 "The Revolt of Islam" ["A Revolta do Islã"], poema composto, em 1817, pelo poeta inglês Percy Bysshe Shelley (1792 – 1822). (N. da T.)

quebradas em duas seções desconexas: primeiro, um registro das calamidades da juventude; segundo, uma anotação (totalmente independente de sofrimentos consequentes do excesso de ópio). E as duas seções não teriam qualquer ligação entre si, exceto o pequeno detalhe de que aconteceram com a mesma pessoa. Mas um pouco de atenção mostrará a rigidez da interligação. Os sofrimentos da juventude, sejam no País de Gales ou em Londres, pressionando um órgão particularmente fraco no meu organismo — o estômago — causaram desconforto e inflamação a ele e me conduziram ao uso de ópio como o único remédio potente o bastante para controlá-los. Já foi suficientemente exposta aqui a conexão causal entre as duas partes da minha experiência. O ópio provavelmente nunca teria sido promovido ao patamar de recurso diário e duradouro se não tivesse se provado o único agente à altura da tarefa de tranquilizar as misérias deixadas para trás pelas privações da juventude. Até aqui a ligação entre causa e efeito já foi bem estabelecida entre uma experiência e a outra — entre os registros juvenis e os da vida adulta. Não haveria necessidade de outra para justificar a unidade das *Confissões* como um todo. Mas, embora não desejado, acontece que há outra ligação conectando os dois registros. O principal fenômeno pelo qual o ópio se expressa permanentemente, e o único fenômeno que era comunicável, está nos sonhos (e em seu peculiar cenário) que se seguiram aos excessos de ópio. Mas esses sonhos, naturalmente, e o cenário onírico, delinearam os próprios contornos e materiais — excelentes luzes e sombras — daquelas severas revelações que foram tão profundamente aradas no coração, de seus registros encáusticos que nos poderosos fornos da vida londrina haviam sido queimados com a inegável memória pela feroz ação da miséria. E, assim, na realidade, as primeiras experiências de uma infância errante não apenas levaram às vivências secundárias com o ópio, como também determinaram a forma particular e a pressão do fenômeno principal naquelas práticas secundárias. Aqui trago um relato o mais breve possível do caso: o objeto final de todo o registro está nos sonhos. Em nome deles toda a narrativa deslancha. Mas o que causou os sonhos? Ópio usado em níveis sem precedentes. Mas o que levou a esse excesso no uso de ópio? Simplesmente, os sofrimentos iniciais; estes e apenas estes, por meio dos desarranjos que deixaram para trás. Sob essa maneira de analisar o caso, movimentando-se regressivamente do fim para o início, pode ser constatado que há um elo de unidade ininterrupto perpassando toda a sucessão de experiências, a primeira e a última: os sonhos foram uma herança do ópio; o ópio foi uma herança das loucuras juvenis.

Pensareis, talvez, que confidencio e falo demais sobre minha história particular. Pode ser que seja verdade. Mas meu estilo de escrita é mais como pensar em voz alta, e segue meu humor, do que o de perguntar quem está me ouvindo, pois, se eu uma vez parar para considerar o que é apropriado dizer, acabarei por duvidar se alguma parte disso tudo é apropriado. O fato é que me imagino escrevendo 20, 30 ou 50 anos à frente, seja pela satisfação dos poucos que podem ter conservado algum interesse em mim ou dos muitos (um número que com certeza continuará crescendo) que têm interesse inextinguível no misterioso poder do ópio. Pois o ópio é misterioso; misterioso ao ponto de, às vezes, cair em aparente contradição; e tão misterioso que minha própria longa experiência em seu uso — às vezes se configurando até em abuso — apenas levou a conclusões errôneas mais e mais distantes do que eu agora suponho que seja a verdade. Uma experiência de 52 anos com o ópio, como um recurso mágico sob todas as formas de sofrimento físico que posso declarar agora ter tido — com a exceção de apenas alguns períodos de quatro ou seis meses, durante os quais, por meio de esforço sem precedentes de autorrealização, mantive abstinência do ópio. Se descontarmos essa exceção, além dos esparsos arroubos de galanteio provisório e intermitente com o ópio no início da minha carreira, posso me descrever como tendo familiaridade com o ópio por mais de meio século. Qual então é meu relatório final sobre os bons e maus resultados? Será especialmente sobre essas duas principais tendências do comedor de ópio habitual que normalmente são equivocadas: sua suposta necessidade de clamar por quantidades cada vez maiores e sua hipotética decadência em poder e eficácia. Qual é a minha mais deliberada sentença quanto a esses dois escândalos repulsivos? Aos 40 anos, o leitor sabe que, como diz um provérbio antigo, todo homem ou é um tolo [*fool*] ou é médico [*physician*]. Aparentemente, nossos excelentes ancestrais, desejando usar uma aliteração, grafaram a palavra "physician" com um "f". Mas por que não? O físico de um homem deve ser incontestável, embora sua grafia devesse estar aberta a leves melhorias. Mas presumo que o provérbio significasse extrair de qualquer homem apenas a quantidade de habilidade médica que a responsabilidade de sua saúde individual conseguisse executar. Parece que é minha obrigação ser um médico — para garantir, até o ponto em que a visão humana pode garantir, minha própria sanidade corpórea. E por meio de testes práticos, isso eu realizei. Acrescento solenemente que, sem o ópio, com bastante certeza eu não teria chegado a tal resultado. Trinta e cinco anos atrás, sem qualquer dúvida, eu estaria morto e enterrado. E quanto aos dois dilemas populares: ou se renuncia ao ópio ou se aumenta o consumo diário; e, em segundo lugar, que mesmo se submetendo a isso, em qualquer escala de doses, o efeito acabará decaindo; na verdade, o consumidor acaba descendo até a deplorável condição de mártir. Nesse ponto, tomo uma posição resoluta, de total negação de toda a doutrina. Originalmente, quando comecei minha carreira no ópio, tinha muita ansiedade. Flutuando diante dos meus olhos havia sempre analogias — sombrias, ou não sombrias, segundo meu humor no momento — com o bebedor de aguardente pobre e decadente, sempre à beira de um *delirium tremens*![42] Eu busquei o ópio sob severa necessidade, sob um desconhecido, obscurecido poder que levava não sabia para onde, uma força que de repente poderia mudar de feição nessa estrada misteriosa. Habitualmente eu vivia sob uma expressão de pavor como todos já sentimos diante das histórias de corças que correram adiante de algum caçador que as encurralaram no labirinto de uma floresta infinita, e ao ponto em que não era mais possível voltar; ou que de repente desapareceram, deixando o homem completamente perplexo; ou que assumiram alguma forma amedrontadora. Uma parte do mal que eu temia de fato se revelou, mas tudo se deveu à minha própria ignorância, ao negligenciar medidas preventivas ou ao conduzir minha saúde a pontos em que eu conhecia os riscos, mas subestimava a urgência e a pressão. Eu era calmo, essa vantagem solitária eu possuía, mas sucumbi às seduções tranquilizantes do ópio que levavam a um total sedentarismo, e isso enquanto mantinha firme a crença de que exercícios poderosos eram onipotentes contra todas as formas de debilidade ou irritações nervosas obscuras. O relato da minha depressão, e da minha impotência, no próximo memorando, é bastante fiel à realidade do caso. Mas, ao imputar esse caso ao ópio, como qualquer ação transcendente e dominante, eu estava

---

42 Latim: expressão bastante usada em português, principalmente no meio médico, para designar o conjunto de sintomas da abstinência do uso de álcool ou drogas que inclui agitação, confusão mental e alucinações. (N. da T.)

completamente enganado. Vinte dias de exercício, vinte vezes vinte milhas de caminhada, ao ritmo médio de três milhas e meia por hora, ou talvez metade disso, teria me deixado tão flutuante quanto um balão passando por regiões de beleza natural, onde o desalento é um fenômeno impossível. Ó, céus! Como o homem abusa ou negligencia seus recursos naturais! Sim, é o que o leitor atento dirá, mas é bem possível distinguir entre esses recursos naturais e o ópio como uma fonte que não é natural, na verdade altamente artificial, ou mesmo absolutamente não natural. Eu penso de outra forma. Com base na minha vasta experiência, talvez inigualável (acrescento minha vivência provisória, variando os testes de todas as formas concebíveis), levo adiante as três proposições seguintes, todas insuspeitas pelo pensamento popular, e a última delas (como não pode mais deixar de ser descoberta) carrega um valor nacional, quer dizer, vai ao encontro de uma queixa hereditária dos ingleses:

I. Com relação ao aumento mórbido de consumo do comedor de ópio, uma vez que está arraigado no organismo, e espalhando seus tentáculos como um câncer, fica fora do meu poder fazer qualquer julgamento profético do caso — por exemplo, sobre o aparente perigo de um curso como esse e em qual estágio se situa a fase final de consumo — como naturalmente eu desejaria fazer. Sendo um oráculo, desejo me comportar como tal, e não escapar das perguntas de homens dignos da mesma maneira como Apolo fez com frequência em Delfos. Mas, com esse exemplo específico, o acidente da minha própria embarcação individual na presença dessa tempestade interferiu na evolução natural do problema em sua forma extrema de perigo. Eu havia ficado muito desconfortável sob a consciência daquela condição intensamente artificial na qual eu havia incorrido sem perceber pelo uso de quantidades sem precedentes de ópio; as sombras do eclipse eram escuras e lúgubres demais para não me despertar e me incitar a um efeito espasmódico a fim de reconquistar o terreno que fora perdido. Fiz tal esforço: cada passo em falso que eu dei, caminhei de volta. E, assim, eu combati a catástrofe natural e espontânea que a poderosa natureza soltaria para compensar os erros oferecidos a ela. Mas o que veio a seguir? Dentro de seis a oito meses, diante de uma irritação nervosa insuportável, recaí na mesma tranquilidade do ópio. De um lado para outro, de cima para baixo, vacilei naquele mar revolto, ano após ano. "Assim como Margery Daw, que vendeu a cama e dormiu sobre a palha."[43] Assim eu fiz, seguindo o exemplo da senhorita Daw, em um vaivém ano após ano, com as manobras mais intrincadas, as danças mais elaboradas, afastando-me ou me aproximando, em torno do meu sol de ópio. Às vezes, eu corria perigosamente para o periélio; às vezes, ficava assustado e ia para um vasto afélio de cometas, em que por seis meses "ópio" foi uma palavra desconhecida. Como a natureza suportou todo esse vagar é um mistério para mim: eu a devo ter feito levar uma vida triste naqueles dias. A irritação nervosa me forçou, às vezes, a excessos terríveis, mas terrores de sintomas anômalos mais cedo ou mais tarde me trouxeram de volta. Esse pavor foi fortalecido pela vaga hipótese que era corrente na época sobre combustão espontânea. Não poderia eu abandonar o mundo literário daquela maneira? De acordo com a imaginação popular, havia duas formas

---

43 Verso tirado da cantiga infantil "See Saw Margery Daw", publicada em livro em 1765. (N. da T.)

de se fazer isso, e não muito o que escolher entre elas. Em uma das variedades desse estouro, um homem explodia no escuro, sem palito de fósforo ou vela perto dele, deixando nada para trás exceto alguns ossos, que não tinham serventia para ninguém e que se supunha serem dele apenas porque ninguém nunca os reivindicava. Imaginava-se que um agente vulcânico — um sedimento desconhecido — acumulado por algum excesso de destilados alimentara o princípio autoexplosivo. Mas isso surpreendeu a fé da maioria das pessoas, e surgiu um esquema mais plausível que dependia da aprovação de um palito de fósforo. Sem um elemento incendiário, um homem não poderia pegar fogo. Às vezes, vemos as mãos de bebedores de destilados inveterados emitir uma atmosfera de vapores intoxicantes, fortes o bastante para colocar moscas para dormir ou em estado de coma. Sob o mesmo princípio, supunha-se que a respiração poderia ser carregada com partículas gasosas que pegariam fogo se um fósforo fosse aceso entre os lábios. Se fosse verdade, o que impediria o "elemento devorador" (que os jornais chamam de fogo) de se espalhar pela garganta até a cavidade do peito? Nesse caso, sem seguro, o homem seria um total prejuízo. O ópio, no entanto, o leitor poderá pensar, não é álcool. Isso é verdade. Mas, pelo que se conhece de outros experimentos, em última instância ele pode ser pior. Coleridge, a única pessoa conhecida do público que sistematicamente flertou por muitos anos com o ópio, não poderia ser responsabilizado por nenhum relatório sincero de sua história e progresso; além do mais, Coleridge estava próximo de atingir sua libertação do ópio, e assim ele adquiriu uma razão extra para a autoilusão. Ao me encontrar, portanto, percorrendo solitário um caminho de má reputação, que levava aonde a experiência de nenhum homem poderia dizer, passei a tomar precauções. E, se a natureza tinha alguma intenção de me tornar um exemplo, eu havia resolvido resistir. Assim, eu nunca segui as seduções do ópio ao extremo. Entretanto, ao evitar aquele extremo, cambaleei sobre uma descoberta tão grande quanto se eu tivesse sucumbido àquele lado radical. Depois da primeira ou segunda conquista nesse conflito — embora achasse impossível persistir mais do que alguns meses na abstinência — observei, no entanto, que a tirania dominante de seus excessos estava finalmente regredindo de maneira estável. Quantidades notavelmente menores se tornaram suficientes e, após a quarta dessas vitórias, vencida com esforços cada vez menores, descobri que não apenas a dose diária (mesmo com recaídas) havia sofrido uma limitação enorme, como também, na tentativa obstinada de renovadas doses antigas, surgiu um novo sintoma — uma irritação na pele — que logo se tornou insuportável, e levava à distração. Em cerca de quatro anos, sem mais esforços, minha ração diária havia caído espontaneamente de uma quantidade que variava entre oito e 12 mil gotas de láudano para cerca de 300. Eu descrevo a droga como láudano, pois outra mudança ocorreu lado a lado com a suprema mudança — isto é, o ópio sólido começou a exigir mais tempo, que cada vez aumentava mais, para expandir seus efeitos sensivelmente, muitas vezes até quatro horas, enquanto a tintura manifestava sua presença instantaneamente.

Assim, então, eu havia atingido uma posição em que o efeito devia ser pronunciado, como resultado de uma experiência longa, ansiosa e vigilante, que, ao pressupor os esforços mais sinceros (mesmo que intermitentes) para abstinências recorrentes da parte do comedor de ópio, o ato de se dar ao luxo dos excessos com esse narcótico tende a uma eutanásia natural (quase inevitável). Muitos anos atrás, quando falava desse assunto brevemente, anunciei (mesmo naquele momento foi novidade para mim mesmo) que nenhuma instância de abstinência, embora fosse de uma sequência de três dias, perece. Dez grãos, deduzidos de uma porção diária de 500, vão durar por muitas semanas, e modificarão novamente o resultado, mesmo no fechamento do cômputo anual. Hoje, após uma experiência oscilante de meio século, e após nenhum esforço ou tentativa de autonegação além daquelas severas atreladas aos muitos processos (cinco ou seis ao todo) de reconquistar minha liberdade da opressão que o ópio me causava, estou bem próximo da mesma posição que ocupei na vasta distância de tempo. Sobre Lorde Nelson, dizem que mesmo após o Nilo e Copenhague, ele ainda pagou a pena, nos primeiros dias em que retomou sua vida náutica, que é geralmente reivindicada pela natureza do mais jovem aspirante à Marinha ou do mais bruto grifo, o enjoo. E isso acontece a uma considerável proporção de marinheiros: eles não se recuperam do mal-estar antes de ter passado alguns dias a bordo. A mesmíssima coisa acontece com comedores de ópio quando retomam muito abruptamente o antigo consumo após longas intermissões. É fato consumado, que menciono como indicativo das enormes revoluções que se passaram, que dentro desses cinco anos, fiquei pálido e tive avisos, apontando para uma indisposição como essa, após tomar não mais que 20 grãos de ópio. Atualmente, e já faz alguns anos, sinto-me satisfeito com cinco ou seis grãos diariamente em vez dos 320 a 400 grãos. Apressarei esse retrospecto dizendo que os poderes do ópio, como algo anódino, e ainda mais como um tranquilizante de nervos e sensações anômalas, não diminuíram em nada e que, se ele casualmente desvelou o poder inicial de exigir penas leves de qualquer desatenção trivial para proporções precisas, ele mais do que renovou proporcionalmente seu antigo privilégio de provocar a irritação e apoiar apelos extraordinários por esforço. Minha primeira premissa, portanto, soma-se a isso — que o processo de se desapegar da profunda ligação com o ópio, vista por muitas pessoas com olhos desesperados, não apenas é uma meta possível, e vai ficando cada vez mais fácil conforme o processo avança, como também favorecida e promovida pela natureza de maneiras secretas sobre as quais não poderiam, sem alguma experiência, ter havido quaisquer suspeitas. Isso, no entanto, não passa de um lamentável elogio de grandes pretensões, que, por um processo tentador à firmeza humana, pode ser posto de lado. Certamente, pouco se ganharia com um serviço negativo de cancelar uma desvantagem sobre qualquer órgão até que nos fosse mostrado que essa desvantagem acabou por perturbar e neutralizar grandes bênçãos que jaziam naquele órgão. Quais são as vantagens relacionadas ao ópio que podem merecer o nome de bênção?

II. Direi, brevemente, sobre a segunda proposição, que, se o leitor tivesse visto em alguma floresta sul-americana um antifebril crescer grosseiramente (como a quina), provavelmente notaria isso com leve consideração. Para entender seu valor, deve-se primeiro ter sofrido de febre intermitente. A quina pode funcionar como um estimulante não natural; mas quando ele visse que a febre terçã ou quartã também constituía uma pressão não natural sobre as energias humanas, ele começaria a adivinhar que dois opostos não naturais podem terminar em um resultado natural e salubre. A irritação nervosa é o desolador segredo da vida humana, e para isso provavelmente não há poder controlador adequado além do ópio, tomado regularmente, sob orientação.

III. Mas ainda mais importante é o fardo da minha terceira proposição. Estais ciente, leitor, do que constitui a chaga (fisicamente falando) da Grã-Bretanha e da Irlanda? Se caminhardes por uma floresta em certas estações, vereis o que chamam de brilho de tinta branca sobre certas árvores marcadas pelo silvicultor no ponto de ser cortadas. Tal brilho, se o mundo sombrio pudesse revelar suas futuridades, seria visto em todo lugar distribuindo suas medalhas secretas de reconhecimento entre nossos rapazes e moças. Daqueles que, nas palavras de Péricles, constituem a porção vernal da nossa população, que múltiplas multidões seriam vistas usando na cabeça o mesmo brilho triste, ou algum símbolo equivalente de dedicação, para um túmulo precoce. Que chocante na quantidade é essa matança anual entre aqueles que por direito de nascimento seriam principalmente os filhos da esperança e foram recrutados imparcialmente de todas as camadas da sociedade! Será que o imposto de renda ou a taxa baixa,[44] fiéis como são às

---

44 A taxa baixa (*poor rate*, no original em inglês) era um imposto cobrado sobre a propriedade em cada paróquia na Inglaterra e no País de Gales para propiciar um alívio "mínimo". (N. da T.)

suas tabelas regulatórias, são pagas por toda classe com a mesma pontualidade que esse prematuro *florilegium*,⁴⁵ essa reunião de flores arruinadas? Então vem a impressionante pergunta (que perfura o coração partido de tantos milhares de parentes aflitos): há algum remédio? Há algum paliativo para o mal? Não desperdiceis um único pensamento com essa vã pergunta, mesmo que quem a faça esteja armado com essa ou aquela forma de autorização ou sanção! Pensai convosco quão infinito seria o desdém de uma pobre mãe assolada pela tristeza se ela — sobre o caixão de uma filha — pudesse acreditar ou imaginar que qualquer vestígio de escrúpulos cerimoniais, ou de um tolo supersticioso, ou o terror de uma palavra, ou um velho e tradicional preconceito, tivesse tido permissão de dar à sua filha a possibilidade (às vezes até certeza) de sair andando entre familiares e se libertar da sepultura, segura e perfeita! "O que importa quem diz isso se o que diz é verdade?", a mãe clamaria com indignação. É a forte e verdadeira palavra que é desejada, em perfeito desprezo pelo órgão pelo qual é proferida. Pressuponho que toda tuberculose, embora latente na constituição, não se manifesta exatamente como uma doença até que alguma forma de "resfriado" ou bronquite, algum comprometimento no peito e nos pulmões, surja para dar início ao desenvolvimento mórbido. Bem, a única estupidez fatal está em sofrer, pois esse desenvolvimento ocorrerá, e o único segredo para prevenir esse mal está em firmemente, seja como for, manter e promover a transpiração. Naquela simples arte de controlar uma função constante está o talismã para derrotar as forças

---

45 Latim: florilégio é um compêndio de obras literárias e literalmente significa coleção de flores. (N. da T.)

associadas contra os grandes órgãos da respiração. Infecções pulmonares, se não foram previamente experimentadas para se desenvolver, não podem viver sob a contraoperação dessa força mágica. Consequentemente, a única questão em atraso é: qual a droga potente que possui esse poder, o poder como o do "filho de Anrão",[46] de evocar fluxos sadios, brotando benignamente de sistemas ressecados e áridos como rochas no deserto? Não conheço outra que não seja o ópio. Os poderes desse grande agente eu aprendi vagamente a adivinhar de uma observação feita a mim por uma senhora em Londres: naquela época, e algum tempo antes, ela vinha acolhedoramente divertindo Coleridge, de quem ela cuidava, na verdade, com a ansiedade de uma filha. Por isso, ela estava familiarizada com seu hábito de consumir ópio. Então, quando eu perguntei, respondendo a algum comentário dela, como ela podia ter tanta certeza quando dizia que Coleridge estava incapacitado de escrever (bem como de qualquer esforço literário), ela disse: "Ah, sei bem pelo brilho em suas bochechas". O rosto de Coleridge, como é bem sabido por seus conhecidos, tem bochechas enormes, grandes demais para a expressão intelectual costumeira, se não tivesse o efeito final sido redimido pelo que Wordsworth chamou de "testa divina". O resultado era que um rosto tão grande não conseguia esconder os efeitos lustrosos dos excessos de ópio. Durante alguns anos falhei em considerar, ou decifrar, essas feições resplandecentes. Mas, finalmente, talvez estimulado por alguma sugestão médica, vim a

---

46 Na Bíblia, o filho de Anrão é Moisés. John Milton (1608 – 1674) no *Paraíso Perdido*, refere-se a Moisés como filho de Anrão para mostrar a importância da relação de Moisés com Satã. (N. da T.)

entender que essa face brilhante, gloriosa a distância como o velho rosto pagão do semideus Esculápio, simplesmente reunia suor acumulado. Na mesma hora, memorável, dessa descoberta, fiz outra. Minha própria história médica envolvia um mistério. No começo da minha carreira no ópio, fui muitas vezes declarado um mártir eleito para a tuberculose. E, embora, na dignidade comum da humanidade, essa opinião sobre minhas perspectivas sempre tenha sido acompanhada de algumas palavras formais de encorajamento — por exemplo, que a predisposição, afinal, variava por diferenças infinitas; que ninguém era capaz de limitar o poder de alcance da medicina; ou, na ausência de remédio, dos recursos curativos da própria natureza — sem algo como um milagre a meu favor, fui instruído a me considerar um sujeito condenado. Esse foi o desfecho dessas agradáveis conversas, embora alarmantes. E se agravaram mais por esses três fatos: primeiro, as opiniões foram pronunciadas pelas mais altas autoridades da cristandade, como os médicos em Clifton e Bristol Hotwells, que viram mais desordens pulmonares em um período de 12 meses do que o restante dos profissionais por toda a Europa em um século, pois a doença, deve ser lembrado, era como uma chaga para a Grã-Bretanha, assim como os acidentes locais do clima e suas mudanças turbulentas. De forma que apenas na Inglaterra ela podia ser estudada, e mesmo lá, em perfeição apenas nas adjacências de Bristol. A razão era que os opulentos pacientes recorriam às cidades termais de Devonshire, onde a temperatura aprazível do ar e os ventos predominantes permitiam que a murta e outros arbustos de estufa suportassem o inverno a céu aberto, e naturalmente no caminho para Devonshire todos os pacientes igualmente passavam por Clifton. Eu mesmo morei lá. Muitos — entre eles supremas autoridades — foram os profetas do mal que se anunciava para mim como destino. Em segundo lugar, eles foram sustentados pelo horrível fato de que uma em cada oito crianças herdava a conformação física de um pai que tivesse morrido de tuberculose precocemente aos 39 anos. Terceiro, eu tinha, à primeira vista, para um olho médico, todos os sintomas de *phthisis* bastante desenvolvida. As cores febris na face, os suores noturnos, o crescente obstáculo que era respirar e outras demonstrações de fraqueza a qualquer tentativa de me exercitar — todos esses sintomas foram regularmente se acumulando entre os 22 e 24 anos. O que pela primeira vez os deteve? Simplesmente o uso, contínuo e cada vez mais regular, de ópio. Ninguém recomendou essa droga para mim. Ao contrário, diante do horror ignorante que revestia o ópio por toda parte, vi claramente que qualquer uso declarado dele me exporia a uma raivosa perseguição. Com uma esperança sincera e natural de me salvar da destruição, eu deveria ter sido caçado até o túmulo em seis meses. Mas segui meu próprio conselho, não disse nada, não levantei nenhuma suspeita, perseverei cada vez com mais determinação no uso de ópio, que finalmente teve uma vitória absoluta sobre todos os sintomas pulmonares como não poderia ter tido a perplexidade de Clifton se o senso de maravilhamento não tivesse sido quebrado pelo consumo prolongado durante os muitos estágios da doença, e ainda mais com minha saída de Clifton e arredores.

Como poderia a grande engrenagem social que é o seguro de vida, supondo que nenhum outro agente entrasse em cena, afetar os enormes interesses medicinais no ópio? Eu sabia que empresas de seguros, e os mais hábeis atuários dessas empresas, não eram menos ignorantes dos reais méritos das questões relacionadas ao ópio, e (o que era pior) não menos profundamente preconceituosas, ou menos fanáticas em seus preconceitos, do que o resto da sociedade. Mas havia interesses que cresciam continuamente, que em breve as forçariam a relaxar nesses preconceitos. Primeiramente, alegar-se-ia que comer ópio aumentava o risco de um seguro de vida. Deixando de lado se realmente esse risco era maior, esse aumento de risco, como outros, poderia ser valorizado, e devia ser valorizado. Eu sabia bem que novos hábitos estavam surgindo na sociedade, e as velhas engrenagens para os interesses de seguros de vida, sob essas ou outras condições em mutação, seriam obrigadas a se adaptar às novas circunstâncias. Se as antigas empresas fossem fracas o bastante para persistir em sua obstinação mal orientada, novas surgiriam.

Nesse meio-tempo, o tema ganhou novos aspectos: 16 ou 17 anos atrás, as empresas todas olhavam com horror para comedores de ópio. Até agora, todos os homens devem ter sido contra os princípios da política deles. Bebedores de destilados habituais não sofriam nenhuma repulsa, mesmo o álcool levando a perigos diários — por exemplo, o *delirium tremens*. Mas nunca se ouviu falar que o ópio causasse *delirium tremens*. Por um lado, há perigos certos e notórios cercando o caminho, mas, por outro, supondo que esses perigos e suas consequências existam, ainda têm de ser descobertos. Entretanto, as empresas não olhariam para nós que demos um passo à frente admitindo ser comedores de ópio. Acredito que me consideravam o ápice da devastação. E 14 empresas, uma após a outra, dentro de alguns meses, recusaram-me como possível candidato para o seguro baseadas apenas no fato de que eu reconhecera ser um comedor de ópio. O seguro teve consequência muito irrelevante para mim, embora envolvesse mais interesse para os outros. E eu me contentei em dizer: "Daqui a dez anos, cavalheiros, ireis reavaliar vossos interesses". Em menos de sete anos, recebi uma carta do senhor Tait, médico da polícia de Edimburgo, relatando uma investigação direta conduzida oficialmente por ele sob instruções particulares recebidas de dois ou mais escritórios de seguros. Eu sabia, no início desse período de sete anos, ou tinha fortes razões para acreditar, que o hábito de comer ópio estava se espalhando amplamente, atingindo classes sociais sem nenhuma relação uma com a outra. Essa difusão iria, sem dúvida, como uma de suas primeiras consequências, obrigar as empresas de seguros a revisar seriamente sua antiquada e cega política. Pelo que parece, já o fizeram, e os primeiros frutos dessa revolução estavam agora diante de mim nas anotações tão prestativamente enviadas pelo senhor Tait. Seu intuito, como entendi, ao enviar essas anotações para mim, era simplesmente coletar mais informações, sugestões ou fazer perguntas duvidosas, como pode ser razoavelmente antecipado por qualquer experiência com ópio tão extensa quanto a minha. Com muita tristeza, esse cavalheiro, durante o curso de nossa breve correspondência, foi de repente acometido de uma febre tifoide e, após um curto período de convalescência, para meu profundo pesar, morreu. De qualquer forma, eu tinha motivo para tristeza. Conhecendo-o apenas por sua interessante correspondência comigo, havia aprendido a desenvolver altas expectativas em virtude do espírito filosófico do senhor Tait e sua determinada hostilidade à hipocrisia tradicional. Ele havia registrado, ao se comunicar comigo, em bastante detalhe e ansiedade pelo rigor da exatidão, os casos de mais de 90 pacientes. E havia se mostrado inexoravelmente surdo a todos os esforços ao confundir os males relacionados ao ópio como estimulante, narcótico ou veneno com aqueles meramente causados por constipação ou outras irregularidades ordinárias do corpo humano. A maioria das pessoas de hábitos sedentários, notoriamente as que pensam muito, precisa de leves estímulos nos mecanismos de funcionamento do organismo. Negligenciar esses aspectos com certeza trará prejuízo à saúde. Mas nesses desarranjos não há nenhum impedimento para o ópio: muitos outros agentes acabam por terminar nos mesmos ou ainda piores desarranjos, a menos que sejam combatidos com supervisão. A missão primordial do senhor Tait, segundo as instruções das empresas de seguro, conforme interpretei de seus relatórios, era reportar firme e decisivamente as tendências do ópio em relação ao prolongamento ou encurtamento da vida. Naquele ponto em que suas anotações foram interrompidas pelo fatal ataque da febre, ele não havia ainda terminado completamente o registro dos casos, de forma que seu julgamento final ou resumo não havia sido escrito. Ficou, no entanto, evidente para mim qual caminho esse julgamento final iria seguir. Certamente, ele teria autorizado seus clientes (os escritórios de seguros) a descartar qualquer angústia em relação às tendências de abreviação da vida que o ópio pudesse ter. Mas ele teria desviado a preocupação deles para outra direção, isto é, para o fato de que em alguns casos pode sempre haver do que suspeitar, não do ópio por si só como causa de qualquer dano, e sim do ópio como uma indicação conjectural de algum distúrbio ou irritação secretos que tenham se adiantado no organismo fazendo a pessoa procurá-lo como um alívio; eram casos de enfermidades que não haviam sido causadas pelo uso do ópio, ao contrário, haviam levado ao uso do ópio, sendo este utilizado para reparar ou mitigar o incômodo. Em todas essas circunstâncias, a empresa de seguro fica autorizada a requerer uma franca apresentação da doença, mas não, até o momento, a considerar o vício ou uso do ópio em si uma doença. Muito facilmente pode ter acontecido que simplesmente o poder que o ópio tem de habilitar um homem de repente para encarar cerca de 12 horas de esforço incomum — dando-lhe tanto força espiritual como física; ou simplesmente o propósito geral de buscar alívio ao enfado, ou *taedium vitae*[47] — pode satisfatoriamente justificar alguém ter recorrido ao entorpecente. Pode-se responder às empresas nas palavras do professor Wilson: "Cavalheiros, sou um hedonista, e se vós deveis saber por que tomo ópio, esta é a razão". Ainda assim, para cada confissão de um candidato ao seguro de que ele usa ópio, seria prudente e justo a empresa perguntar por que e em quais circunstâncias a prática se originou. Se houvesse alguma inquietação, então a empresa teria o direito de pressionar por um exame médico. Mas, além desses casos especiais, ficou evidente que esse médico rigoroso e experiente não viu razão na simples prática de comer ópio para hesitar quanto a uma proposta de seguro de vida ou exigir um prêmio de maior valor.

Aqui faço uma pausa. O leitor irá inferir, a partir do que eu disse, que todas as passagens, escritas em um período nebuloso e diante de visões equivocadas dos maléficos e presumíveis efeitos do ópio, permanecem retraídas. Embora, abstendo-me do trabalho de alterar um erro tão amplamente difundido sob minhas próprias percepções errôneas iniciais, eu permiti que elas ficassem onde estão. Minhas visões gerais sobre os poderes e tendências naturais do ópio foram todas apoiadas e fortalecidas por essa feliz vantagem de uma correspondência profissional. Minha doutrina especial eu agora repito nesse ponto de despedida, e de

---

47 Latim: estado permanente de desgosto, enfado e vazio que não apresenta causas aparentes. (N. da T.)

forma memorável. Lorde Bacon disse uma vez, muito corajosa e arriscadamente, que aquele que descobrir o segredo de tornar a mirra solúvel no sangue humano terá descoberto o segredo da vida eterna. Eu proponho uma forma de mágica mais modesta, que aquele que descobrir o segredo de estimular e manter a perspiração insensível intermitentemente terá descoberto o segredo para interceptar a tuberculose. Com minha faceta médica, deixo agora o leitor e recorro à minha narrativa regular.

***

Meus estudos foram interrompidos por bastante tempo. Não consigo ler para mim mesmo com prazer, mal tenho paciência. Mas ainda leio em voz alta para o prazer de outros, porque ler é uma conquista minha, e no uso popular da palavra "conquista", como um feito superficial e ornamental, praticamente o único que possuo e, antigamente, se eu tivesse qualquer vaidade relacionada a qualquer dom ou conquista minha, era essa, pois havia observado que nenhuma é mais rara. Atores são os piores leitores de todos. John Kemble não é eficiente como leitor, embora tenha grande vantagem de uma bolsa de estudos para a maturidade; e a irmã dele, a imortal Siddons, com toda sua superioridade na voz, lê com ainda menos eficiência. Ela só lê bem obras dramáticas. No *Paraíso Perdido*, que a vi tentar em Barley Wood, seu fracasso foi arrasador, quase tão arrasador quanto o aplauso bajulador dos que estavam ao redor — todos perdidos, claro, em uma admiração praticamente muda. (Estou consciente de que esse sentimento desrespeitador pelo círculo de admiradores mal seja justificável. O que as pobres criaturas deveriam ter feito? Na mera tentativa de angariar os votos deles, colocando-se novamente em julgamento, houve uma condescendência da parte da senhora Siddons, após a qual um julgamento livre se tornou impossível. Senti um desejo de me dirigir à senhora Siddons desta forma: "A senhora que lestes para a realeza em Windsor, pediram que vos sentásseis enquanto lia, afinal era uma pessoa privilegiada, sujeita a nenhuma distorção da verdade. Nossos sentimentos, que não eram livres para assumir nenhuma expressão natural, podem não ter nenhum valor. Que possamos ficar em silêncio, ao menos pela dignidade da natureza humana. E vós também fazei silêncio, ao menos pela dignidade daquela voz que uma vez foi inigualável.) Nem Coleridge nem Southey são bons leitores de verso. Southey é admirável quase em tudo, mas não nisso. Tanto ele quanto Coleridge leem como se estivessem chorando ou gemendo de maneira lúgubre. As pessoas em geral ou leem poesia sem qualquer paixão ou ultrapassam a modéstia da natureza. Nos últimos tempos, se me senti tocado por alguma coisa em algum livro foi pelas grandes lamentações de *Sansão Agonista* ou pelas grandes harmonias das falas satânicas em *Paraíso Reconquistado*, quando lidas em voz alta por mim. Estamos longe das cidades, mas uma jovem às vezes vem até aqui e bebe chá comigo, e a pedido dela e de M-- de vez em quando leio poemas de Wordsworth para elas. (Wordsworth, sem dúvida, é o único poeta que conheci que sabia ler os próprios versos; na maioria das vezes, inclusive, ele lê de forma admirável.)

Por quase dois anos acredito que nem li nem estudei nada. Estudos analíticos são contínuos, não para ser perseguidos por ímpetos ou esforços fragmentários. Tudo isso se tornou insuportável para mim; eu me afastei deles com a sensação de impotência e fragilidade imatura que me deixou com uma angústia maior ainda ao lembrar da época em que lutei com eles para meu próprio deleite. E, por essa razão, porque eu havia devotado o trabalho da minha vida inteira, tinha dedicado minha mente, flores e frutos, ao trabalho lento e elaborado de construir uma obra única à qual eu havia presumido dar o título de um trabalho inacabado de Spinoza — *De Emendatione Humani Intellectûs*. Ele está agora bloqueado pela geada, como qualquer ponte ou aqueduto espanhol iniciados sobre magnitude grande demais dos recursos do arquiteto, e, em vez de sobreviver como um monumento de desejos, aspirações e longos trabalhos, dedicados à exultação da natureza humana na forma como Deus designou para mim para promover algo tão elevado, era provável que virasse um memorial para os filhos de esperanças derrotadas, de perplexos esforços, de materiais inutilmente acumulados, de fundações que nunca suportariam uma superestrutura, de dor e da ruína do arquiteto. Nesse estado de imbecilidade, por diversão, voltei-me à economia política. Minha compreensão, que antigamente havia sido tão ativa e inquieta quanto uma pantera, não poderia, suponho eu (enquanto eu viver), afundar em completa letargia: a economia política oferece essa vantagem a uma pessoa no meu estado — que, embora seja uma ciência eminentemente orgânica (no sentido de que age sobre o todo, como o todo reage sobre cada parte), as muitas partes que a compõem podem ser destacadas e contempladas individualmente. A prostração das minhas forças era enorme na época, mas eu não podia esquecer o conhecimento que possuía; e minha compreensão havia sido por muitos anos íntima de sérios pensadores, com lógica, e de grandes mestres do conhecimento, para não estar ciente do grande chamado feito pela economia política na época da crise para uma nova lei e um legislador transcendente. De repente, em 1818, um amigo em Edimburgo me enviou um livro do senhor Ricardo e, recorrendo à minha própria antecipação profética de algum promissor legislador para essa ciência, eu disse, antes de ter terminado o primeiro capítulo: "Que homem genial!". Surpresa e curiosidade eram emoções que há muito haviam morrido em mim. Ainda assim, espantei-me que eu mesmo pudesse ser mais uma vez estimulado ao esforço da leitura, e mais espantado ainda fiquei com o livro. Essa obra profunda havia realmente sido escrita durante a tumultuosa pressa do século XIX? Seria possível que um inglês, e não nos meios acadêmicos, e sim oprimido pelos cuidados mercantis e senatoriais, houvesse alcançado o que todas as universidades da Europa, e um século de pensamento, haviam fracassado em avançar a distância de um mero fio de cabelo? Escritores anteriores haviam sido esmagados e sobrepostos pelo enorme peso dos fatos, detalhes e exceções; o senhor Ricardo havia deduzido, *a priori*, a partir da compreensão em si, leis que pela primeira vez lançavam luzes certeiras no caos sombrio de certos assuntos e tinha, assim, construído o que então não passava de um conjunto de discussões preliminares em uma ciência de proporções regulares.

Deste modo, uma simples obra de profundo conhecimento serviu para me dar um prazer e uma ocupação que eu não sentia há anos; até mesmo me despertou para escrever ou, pelo menos, para ditar para que M-- escrevesse para mim. Pareceu-me que algumas verdades importantes haviam me escapado até a "visão inevitável" do senhor Ricardo; e como tinham, por assim dizer, uma natureza que me permitia explicá-las ou ilustrá-las de forma breve e elegante por símbolos algébricos, não ocupariam mais espaço do que um folheto. Com M-- como minha amanuense, mesmo nessa época, como eu estava incapaz de esforços em geral, escrevi, assim, meu *Prolegômenos a Todos os Futuros Sistemas de Economia Política*.

Esse esforço, no entanto, não passou de um clarão momentâneo, como a sequência mostrou. Acordos foram feitos em uma gráfica do interior, a cerca de 30 quilômetros de distância, para imprimi-lo. Inclusive contrataram um linotipista extra por alguns dias para isso. A obra foi duas vezes divulgada, e eu estava, de certa maneira, empenhado no cumprimento do meu propósito. Mas eu tinha um prefácio para escrever, e uma dedicatória, que eu desejava tornar imponente, ao senhor Ricardo. Encontrei-me bastante inapto a realizar tudo isso. Os acordos foram revogados, o linotipista, dispensado, e o meu *Prolegômenos* descansava em paz ao lado de seu irmão mais velho e mais digno.

Descrevendo e ilustrando assim meu torpor mental, uso termos que mais ou menos se aplicam a todos os momentos do ano em que estive sob os feitiços circianos[48] do ópio. Se não fosse pela miséria e pelo sofrimento, poderia dizer que estava de fato vivendo em um estado dormente. Eu mal conseguia escrever uma carta inteira; uma resposta de poucas palavras a qualquer uma que eu recebia era o máximo que eu conseguia realizar, e com muita frequência a carta ficava sobre minha escrivaninha por semanas ou meses até que eu respondesse. Sem a ajuda de M--, toda minha economia doméstica, não importa o que acontecesse na economia política, teria entrado em uma confusão irrecuperável. Não devo aludir a essa parte da história, pois o comedor de ópio vai achá-la, no fim, muito opressora e dolorosa, pela sensação de incapacidade e fragilidade, do constrangimento direto relacionado ao abandono ou à procrastinação das atividades de cada dia e pelo remorso que deve muitas vezes exasperar

---

48 Na mitologia grega, Circe é a deusa da lua nova, do amor físico, de feitiçaria e dos encantamentos, uma especialista em venenos e drogas, por isso, De Quincey faz alusão a ela. (N. da T.)

uma mente conscienciosa que foi ferroada por esses malefícios. O comedor de ópio não perde nenhuma de suas sensibilidades e aspirações morais; ele deseja e anseia muito seriamente realizar o que acredita ser possível, e se sente extorquido pela obrigação. Mas sua apreensão mental do que é infinitamente possível ultrapassa sua força, não de execução apenas, como também de propósito e disposição. Ele jaz debaixo do peso de um mundo de íncubo e pesadelo, à vista de tudo que de bom grado desempenharia, como um homem forçosamente confinado à cama pela languidez mortal da paralisia que é compelido a testemunhar dano ou ultraje praticado contra alguém que é alvo do seu mais tenro amor; ele daria sua vida se pudesse pelo menos se levantar e caminhar, mas está tão impotente quanto uma criança, e não pode nem fazer o esforço de se mexer.

Mas agora eu passo para as *Confissões* finais — para a história e a jornada do que aconteceu em meus sonhos, pois essas foram as causas mais imediatas e próximas dos terrores sombrios que se estabeleceram e deram frutos em toda minha vida desperto.

A primeira observação de uma mudança importante acontecendo nessa parte do meu organismo foi a partir do despertar de um estado de olho muitas vezes recorrente na infância. Não sei se meu leitor está ciente de que muitas crianças têm o poder de visualizar, por assim dizer, todos os tipos de fantasmas na escuridão: em algumas, esse poder é apenas um efeito mecânico do olho; outras têm o poder voluntário ou semivoluntário de dispensar ou convocar tais fantasmas. Como um menino uma vez me disse quando perguntei a ele sobre isso: "Posso dizer a eles para ir embora e eles vão; mas às vezes eles vêm quando não peço a eles para vir". Ele tinha tanto poder sobre seus sonhos quanto um centurião romano tinha sobre seus soldados. Na metade de 1817, essa faculdade se tornou cada vez mais perturbadora para mim. À noite, quando eu ficava acordado na cama, vastas procissões se moviam continuamente em uma pompa lamentosa, eram frisos de histórias sem fim, que para meus sentimentos eram tão tristes quanto as histórias contadas em tempos anteriores a Édipo ou Príamo, antes de Tiro e Mênfis. Ao mesmo tempo, uma mudança correspondente ocorreu em meus sonhos: um teatro pareceu de repente se abrir e se iluminar em meu cérebro, que apresentava todas as noites espetáculos de um esplendor sobrenatural. E os quatro fatos a seguir devem ser mencionados como notáveis na época:

I. Que, como a disposição criativa do olho aumentava, uma solidariedade pareceu surgir entre os estados acordado e sonhando do cérebro — que, mesmo que eu conseguisse evocar e rastrear por um ato voluntário sobre a escuridão, era bastante apta a se transferir para meus sonhos. E, finalmente, temi exercitar essa faculdade, pois, como Midas transformava em ouro tudo que tocava e isso frustrava suas esperanças e defraudava seus desejos humanos, por mais que eu pensasse nas coisas que eram capazes de ser visualmente representadas, em meio à escuridão, imediatamente elas tomavam forma de fantasmas aos olhos. E, por um processo aparentemente não menos inevitável, quando assim uma vez traçados em leves e visionárias cores, como escritos em tinta conveniente, eles foram transformados, pela química selvagem dos sonhos, em esplendor insuportável que inquietava meu coração.

II. Essa e todas as outras mudanças em meus sonhos vieram acompanhadas por uma ansiedade enraizada e uma melancolia funérea, indescritíveis por meio de palavras. Toda noite parecia que eu descia — não metafórica, e sim literalmente — a fossos e abismos desprovidos de luminosidade, profundeza abaixo de profundeza, de onde parecia impossível que um dia eu sairia. Nem sentia, ao acordar, que havia saído. Por que eu deveria me estender sobre isso? Pois o estado de desânimo que acompanhava maravilhosos espetáculos, somado, por fim, à completa escuridão, a partir de um desalento suicida, não pode ser representado por palavras. Esse senso de espaço e, no final, o senso de tempo foram ambos bastante afetados. Construções, paisagens etc. foram exibidas em proporções tão vastas que o olho físico não foi feito para contemplar. O espaço inchava e era ampliado ao ponto de uma infinidade impronunciável e que se repetia. Isso me perturbou bem menos do que a vasta expansão de tempo. Às vezes, parecia que eu havia vivido 70 ou cem anos em uma noite; não, às vezes, a sensação era de uma duração muito além dos limites de qualquer experiência humana. Os ínfimos incidentes da infância ou cenas esquecidas dos últimos anos sempre eram revividos. Não poderia dizer que os recordava, pois, se me contassem sobre eles enquanto eu estava acordado, não teria sido capaz de aceitá-los como parte de minha experiência. Mas, como eles estavam posicionados para mim em sonhos como intuições, e embalados em circunstâncias evanescentes e sentimentos que acompanhavam, reconhecia-os imediatamente. Uma vez, uma parente próxima me contou que, quando ela caiu em um rio e ficou à beira da morte (se não fosse uma ajuda que chegou no momento mais crítico), em um instante ela viu toda sua vida, trajada em incidentes já esquecidos, disposta diante dela como em um espelho, não sucessivamente, e sim simultaneamente; e adquiriu de repente uma capacidade de compreender o todo e cada parte. Sob influência do ópio, acredito que isso seja possível. Vi a mesma coisa dita duas vezes em livros modernos e acompanhadas de uma observação que provavelmente é verdadeira — já que o temido livros de registros de que as Escrituras falam é, na verdade, a mente de cada indivíduo. Disso, pelo menos, tenho certeza, de que não há uma coisa tal qual máximo esquecimento; traços uma vez impressos na memória são indestrutíveis; mil acidentes podem e irão interpor um véu entre nossa presente consciência e as inscrições secretas na mente. Acidentes do mesmo tipo irão também rasgar esse véu. Mas, da mesma forma, seja velada ou não, a inscrição permanece para sempre, assim como as estrelas parecem se retirar diante da luz do dia, enquanto, na verdade, todos sabemos que é a luz que se retira diante delas como um véu, e que elas estão esperando para ser reveladas sempre que a luz do dia sair de cena.

Após ter notado esses quatro fatos como distinguíveis em meus sonhos daqueles que tive em período de plena saúde, devo agora citar alguns casos ilustrativos. Mencionarei outros como eu lembro, em qualquer ordem que os faça servir de imagens para o leitor.

Desde a juventude, como ocasional diversão, sempre fui um leitor de Tito Lívio, que confesso que prefiro, tanto por estilo como por assunto, a qualquer outro historiador romano, e sempre havia sentido como sons solenes e impressionantes, enfaticamente representativos da majestade romana, as duas palavras tão recorrentes em Lívio, *Consul Romanus*, principalmente quando o cônsul é apresentado em seu aspecto militar. Quero dizer que as palavras rei, sultão, regente ou qualquer outro título daqueles que personificam a majestade coletiva de um grande povo tinham menos poder sobre meus sentimentos reverenciais. Embora não fosse grande leitor de história, familiarizei-me com um período da história inglesa — a saber, da Guerra Civil Inglesa — tendo sido atraído pela grandeza moral de alguns que figuraram naquele dia e pelas interessantes memórias que sobreviveram àqueles tempos inquietantes. Ambas as partes das minhas leituras mais leves, tendo me equipado com frequência com assuntos para reflexão, agora me equipavam com assuntos para meus sonhos. Eu costumava ver, após visualizar em plena escuridão um tipo de ensaio enquanto acordado, uma multidão de senhoras, e talvez festivais e danças. E ouvi dizer, ou disse a mim mesmo: "São senhoras inglesas dos tempos infelizes de Carlos I. São as esposas e filhas daqueles que se encontraram na paz, sentaram-se à mesma mesa e eram aliados por laços matrimoniais ou sanguíneos; e, no entanto, após certo dia de agosto de 1642, nunca sorriam uns para os outros, nem se encontravam a não ser no campo de batalhas; e no Marston Moor, em Newbury, ou em Naseby, cortavam todos os laços de amor com o cruel sabre e lavavam o sangue da memória de antigas amizades". As senhoras dançavam e pareciam tão adoráveis quanto na corte de George IV. Mas mesmo em meus sonhos eu sabia que elas estavam enterradas por quase dois séculos. Esse cortejo de repente se dissolvia, e à batida de palmas e ao som tremulante de *Consul Romanus*, em maravilhosas capas, Paullus ou Marius vinham "varrendo", cingidos por um grupo de centuriões, com a túnica carmim içada em uma lança e seguidos por um grito de guerra das legiões romanas.

Muitos anos atrás, quando eu estava observando *As Antiguidades de Roma*, de Piranesi, Coleridge, em pé, descreveu-me um conjunto de pratos daquele artista, chamado de "Sonhos", que gravam o cenário de suas próprias visões durante o delírio de uma febre. Alguns deles (descrevo com base apenas na lembrança do que Coleridge contou) representavam vastos corredores góticos, no chão dos quais ficavam poderosas máquinas, rodas, cabos, catapultas, demonstrações expressivas de enorme poder ou resistência dominada. Arrastando-se pelas laterais das paredes, percebia-se uma escadaria e sobre ela, tateando seu caminho, o próprio Piranesi. Seguindo as escadas um pouco mais, percebe-se que elas terminam de forma abrupta, sem balaustrada e não permitindo que se dê nem um passo a mais a não ser nas profundezas abaixo. O que quer que aconteça ao pobre Piranesi, pelo menos se supõe que seus trabalhos devem acabar agora, de alguma forma. Mas, erguendo os olhos, contempla-se um segundo lance de escadas ainda mais alto, em que se percebe Piranesi novamente, desta vez em pé à beira do abismo. Se mais uma vez ergue-se o olhar, um lance de escadas mais aéreo é descrito e lá, novamente, está o delirante Piranesi, ocupado em seus aspirantes trabalhos: e assim por diante, até que as infinitas escadas e o desesperançado Piranesi estão ambos perdidos na completa escuridão do vestíbulo. Com o mesmo poder de infinitos crescimento e autorreprodução, a arquitetura dos meus sonhos procedia. No estágio inicial da doença, os esplendores dos meus sonhos eram na verdade predominantemente arquitetônicos, e eu contemplei uma pompa de cidades e palácios como nunca havia contemplado com o olho desperto, a não ser nas nuvens. De um grande poeta moderno eu cito uma passagem que descreve, como uma aparência na verdade contemplada nas nuvens, o que em muitas circunstâncias vi durante o sono:

"A aparência instantaneamente disposta
Era de uma poderosa cidade — ousadia dizer
Um território selvagem de construção, afundando
Suprimida por si mesma num impressionante abismo,
Afundando num esplendor sem fim!
Estrutura, parecia, de diamante e ouro,
Com domos de alabastros e pináculos prateados
Miradouros abertos sobre miradouros, altos
Elevados, aqui, brilhantes pavilhões serenos,
Dispostos em avenidas; lá, torres rodeadas
De parapeitos que em suas frontes inquietas
pairavam estrelas — iluminação de todas as joias!
De natureza terrena o efeito foi forjado
Sobre os materiais escuros da tempestade
Agora apaziguada; nelas, e nas enseadas,
Encostas de montanhas e cumes, dos quais
Os vapores haviam baixado, levando lá
Sua estação sob um céu cerúleo."[49]

A sublime circunstância — "que em suas frontes inquietas pairavam estrelas" — deve ter sido copiada de meus próprios sonhos arquitetônicos, de tanta frequência com que ocorriam. Ouvimos dizer de Dryden, e mais tarde de Fuseli, que eles comiam carne crua para que tivessem sonhos esplêndidos: teria sido muito melhor, para esse fim, terem comido ópio, o que não lembro que nenhum poeta tenha feito, exceto o dramaturgo Shadwell; e em tempos mais antigos, Homero é conhecido por ter experimentado as virtudes do ópio por seus efeitos anódinos.

Na arquitetura dos meus sonhos, surgiram lagos e extensões

---

49 Trecho do Poema "The Excursion" [A Excursão], do inglês William Wordsworth (1770 – 1850). (N. da T.)

de água prateados. Eles me assombraram tanto que temi ser tomado por algum estado hidrópico ou tendência do cérebro de se tornar (para usar uma palavra metafísica) objetivo, e que o sensível órgão pudesse estar se projetando na minha cabeça — uma parte da minha estrutura física que havia então sido tão livre de todo toque ou nuance de fraqueza (física, quero dizer) que eu costumava dizer, como o finado Lorde Oxford falava de seu estômago, que parecia até que iria sobreviver ao restante da minha pessoa. Até agora eu não havia sentido sequer uma dor de cabeça ou qualquer dor mais suave, exceto dores reumáticas causadas pela minha própria loucura.

As águas mudaram sua natureza gradualmente — de lagos transluzentes, brilhando como espelhos, transformaram-se em mares e oceanos. E então veio uma mudança drástica que, desenrolando-se lentamente como um pergaminho, por muitos meses prometeu um tormento persistente e, de fato, nunca me deixou, embora mais ou menos intermitente. Até o momento, rostos humanos sempre se misturavam em meus sonhos, mas não despoticamente, nem com qualquer poder de atormentar. Mas agora aquele estado mental que chamei de tirania do rosto humano começou a se mostrar. Talvez alguma parte da minha vida londrina (a procura por Ann em meio a uma multidão flutuante) possa ser a resposta para isso. Que seja, já que agora sobre águas balançantes do oceano o rosto humano começou a se revelar; o mar parecia pavimentado com inúmeras faces viradas para o céu. Faces que imploravam, raivosas, cheias de desespero; faces que surgiam viradas para cima aos milhares, uma infinidade, por gerações. Infinita era minha agitação; minha mente se revirava, como parecia, sobre o oceano tempestuoso, em um turbilhão de ondas.

Maio de 1818 — O malaio foi um inimigo temido por meses. Toda noite, por culpa dele, fui transportado para um cenário asiático. Não sei se outros têm a mesma sensação nesse ponto, mas sempre pensei que, se eu fosse obrigado a abandonar a Inglaterra e viver na China, com os modos, as maneiras, o cenário e o estilo de vida dos chineses, eu ficaria louco. As causas do meu horror estão enraizadas, e algumas delas devem ser comuns a outros. O sul da Ásia, em geral, é sede de terríveis imagens e associações. Como o berço da humanidade, se não por outros motivos, teria um sentimento obscuro, reverente, ligado a ele. Mas há outras razões. Nenhum homem pode fingir que as superstições selvagens, bárbaras e caprichosas da África, ou de tribos selvagens em qualquer lugar, afetam-no da mesma forma como é afetado pelas religiões antigas, monumentais, cruéis e elaboradas do Hindustão. A simples antiguidade de coisas asiáticas e suas instituições, histórias — acima de tudo, sua mitologia — é tão impressionante que para mim a vasta idade da raça e do nome domina o sentido de juventude no indivíduo. Um jovem chinês para mim parece um homem do período anterior ao dilúvio, mas renovado. Mesmo ingleses, crescendo sem nenhum conhecimento dessas instituições, não podem nada além de estremecer à mística grandeza das castas que se derramaram, e se recusaram a se misturar por muito tempo; nem pode nenhum homem deixar de se maravilhar pela santidade do Ganges ou pelo próprio nome do Eufrates. Contribui muito para esses sentimentos que o Sudeste Asiático é, e tem sido há anos, a parte do planeta mais infestada de vida humana, a grande *officina gentium*.[50] O homem é como erva daninha nessa região. Os vastos impérios, também, nos quais

---

50 Latim: área a partir da qual várias nações se desenvolvem. (N. da T.)

imensas populações da Ásia sempre foram lançadas, dão mais grandeza aos sentimentos associados a todas as imagens e nomes orientais. Na China, além do que tem em comum com o resto do Sudeste Asiático, fico aterrorizado com os estilos de vida, as maneiras, as barreiras de completa aversão entre mim e eles, pelo desprezo mais profundo do que posso analisar. Logo eu poderia ir morar com lunáticos, vermes, crocodilos ou cobras. Em tudo isso, e muito mais do que posso dizer, o leitor deve se aprofundar antes que possa compreender o horror inimaginável que esses sonhos de natureza imagética oriental e torturas mitológicas me acarretaram. Sob a sensação de ligação entre o calor tropical e luzes solares verticais, reuni todas as criaturas, pássaros, bestas, répteis, todas as árvores e plantas, usos e aparências que são encontrados em todas as regiões tropicais, e as coloquei juntas na China e no Hindustão. Por sentimentos semelhantes, trouxe o Egito e seus deuses sob a mesma lei. Macacos, periquitos e cacatuas me olharam, piaram para mim, sorriram, conversaram sobre mim. Entrei em pagodas e fiquei pregado no topo ou em salas secretas por séculos; eu era o ídolo; eu era o sacerdote; eu era venerado; era sacrificado; fugi da ira de Brahma por todas as florestas da Ásia; Vishnu me odiava; Shiva se escondeu para me atacar de surpresa. De repente dei de cara com Ísis e Osíris: eu havia feito algo, eles disseram, que faziam até o íbis e o crocodilo tremerem. Vivi milhares de anos e fui enterrado em caixões de pedra, com múmias e esfinges, em câmaras estreitas no coração das pirâmides eternas. Fui beijado, beijos cancerosos, por crocodilos, e fui colocado, confundido com impronunciáveis abortos, entre os juncos e o lodo do rio Nilo.

A uma leve abstração, assim, esforcei-me em meus sonhos orientais, que me encheram sempre com tanto assombro diante de um cenário monstruoso que o horror parecia absorvido por um momento em clara estupefação. Cedo ou tarde, veio um refluxo de sensação que engoliu a estupefação e me deixou não tanto em terror, e sim com um sentimento de ódio e abominação diante do que vi. Sobre toda forma, ameaça, punição e encarceramento cego e obscuro surgia uma sensação mortífera de eternidade e infinidade. Somente nesses sonhos, com uma ou duas pequenas exceções, ocorria alguma situação de horror físico. Antes sempre fora moral e espiritual. Mas aqui os principais agentes eram pássaros feios, cobras ou crocodilos, especialmente estes. O amaldiçoado crocodilo se tornou para mim um objeto de pavor maior do que os outros. Fui compelido a viver com ele e, como sempre nos meus sonhos, por séculos. Às vezes, eu escapava e fugia para casas chinesas. Todos os pés de mesas e sofás logo se tornavam uma ameaça: a cabeça abominável de um crocodilo e seus olhos maliciosos me fitavam, e isso se repetia dez mil vezes. E lá ficava eu relutante e fascinado. Esse tenebroso réptil assombrava meus sonhos com tanta frequência que muitas vezes o mesmíssimo sonho era dissolvido do mesmo modo: eu ouvia vozes suaves falando comigo (ouço tudo quando estou dormindo) e instantaneamente acordava. Já era meio-dia e meus filhos estavam em pé, de mãos dadas, ao lado da cama, tinham vindo mostrar seus sapatos coloridos ou vestidos novos ou para que eu os visse arrumados para um passeio. Nenhuma experiência era tão terrível para mim, e ao mesmo tempo tão patética, quanto essa abrupta conversão da escuridão do infinito para o espalhafatoso ar de verão do sol do meio-dia, e dos impronunciáveis abortos de vermes monstruosos e gigantescos aos olhos de uma natureza humana infantil e inocente.

Junho de 1819 — Tive oportunidade de observar, em vários

momentos da minha vida, que a morte daqueles que eu amo, e a contemplação da morte no geral, perturba mais (*caeteris paribus*)[51] no verão do que em qualquer outra estação do ano. E as razões acredito que são essas três: primeiro, que o céu visível no verão parece ser muito mais alto, mais distante e (se tal solecismo existe) mais infinito; as nuvens pelas quais principalmente o olho expõe a distância do pavilhão azul esticado sobre nossa cabeça são mais volumosas no verão, mais maciças, e estão acumuladas em pilares gigantescos; segundo, as luzes e aparências do sol se pondo são muito mais adequadas a se parecer com o infinito; e terceiro (que é a razão principal), a exuberante e vibrante prodigalidade da vida naturalmente força a mente sobre o pensamento antagonista relacionado à morte e à invernal esterilidade do túmulo. Pois deve ser observado geralmente que, onde quer que duas ideias estejam relacionadas uma à outra pela lei do antagonismo, e existem, por assim dizer, por repulsa mútua, elas estão aptas a sugerir uma à outra. Por isso, considero impossível banir a ideia da morte quando estou caminhando sozinho nos dias infinitos de verão; e qualquer morte específica, se não mais subjacente, pelo menos assombra minha mente mais obstinadamente nessa estação. Talvez esse motivo, e um leve incidente que estou omitindo, possa ter sido a imediata oportunidade para o seguinte sonho, ao qual, no entanto, uma predisposição deve ter sempre existido na minha mente; mas, tendo sido uma vez despertado, nunca me abandonou, e se dividiu entre mil variações fantásticas, que com frequência se recombinavam de repente, voltando depois à unidade surpreendente, e restauravam o sonho original.

Pensei que fosse uma manhã de domingo em maio; que fosse

---

51 Latim: mantidas inalteradas todas as outras coisas. (N. da T.)

domingo de Páscoa, e bem cedo pela manhã. Estava em pé, como me pareceu, na porta do meu casebre. Bem diante de mim estava a cena exata que poderia realmente ser controlada naquela situação, mas exaltada, como era geralmente, e tornada solene pelo poder dos sonhos. Havia as mesmas montanhas, e o mesmo lindo vale aos pés delas, mas as montanhas eram mais altas do que os Alpes e havia espaço muito maior entre elas de savanas e florestas, as sebes eram ricas com rosas brancas e nenhuma criatura podia ser avistada, exceto o gado que repousava tranquilamente sobre as frondosas sepulturas na grama verde do cemitério e especialmente em torno do túmulo de uma criança que eu outrora amara ternamente, exatamente como eu as contemplava, um pouco antes do nascer do sol, no mesmo verão em que aquela criança morreu. Observei a cena conhecida e disse a mim mesmo: "Ainda é preciso muito nascer de sol, é domingo de Páscoa, e este é o dia em que celebram os primeiros frutos da Ressurreição. Sairei para uma caminhada; tristezas antigas devem ser esquecidas hoje, pois o ar está fresco e calmo, e as montanhas são altas e se esticam até o céu; o cemitério é tão frondoso quanto as florestas, e as florestas estão tão silenciosas quanto o cemitério. E com o orvalho posso lavar a febre da minha testa, e assim não serei mais triste". Virei-me, como se fosse abrir o portão do meu jardim, e imediatamente vi à esquerda uma cena completamente diferente, mas que o poder dos meus sonhos havia colocado em harmonia. O cenário era oriental, e também era manhã bem cedo de domingo de Páscoa. Bem longe estavam visíveis, como uma mancha no horizonte, domos e cúpulas de uma grande cidade — uma imagem ou tênue abstração, talvez obtida da infância de alguma pintura de Jerusalém. E a uma distância menor do que um tiro de flecha de mim, havia uma mulher sentada sobre uma pedra, sob a sombra de um pé de tâmaras. Olhei, e era Ann! Ela me observava com seriedade, e eu lhe disse: "Então, encontrei você, finalmente". Esperei, mas ela não deu nenhuma resposta. Seu rosto era o mesmo de quando a vi pela última vez e, ainda assim, tão diferente! Dezessete anos atrás, quando uma luminária da poderosa Londres caiu sobre a cabeça dela, e pela última vez beijei seus lábios (lábios, Ann, que para mim não estavam poluídos!), os olhos dela vertiam lágrimas. As lágrimas não foram mais vistas. Às vezes, ela parecia diferente, mas ao mesmo tempo, não; também não parecia ter envelhecido. Sua aparência era tranquila, mas com um ar solene incomum, e agora a mirei com algum espanto. De repente, o semblante dela ficou obscuro, e ao me voltar às montanhas, percebi vapores entre nós. Em um instante, tudo havia desaparecido, uma escuridão pesada tomou conta e, em um piscar de olhos, eu estava longe das montanhas, e próximo à luminária em Londres, novamente caminhando com Ann — do mesmo jeito como havíamos caminhado, quando ambos éramos crianças, 18 anos antes, pelas infinitas calçadas da Oxford Street.

Então, de repente, viria um sonho de natureza bastante diferente — um sonho tumultuoso — começando com uma música que agora sempre ouço quando durmo — uma música para preparação e de um suspense despertador. As ondulações dos tumultos causados por multidões eram como a abertura do Hino da Coroação. E, assim como ele, dava a sensação de um movimento diverso, de desfiles sem fim que se enfileiravam, e o rastro de inúmeros exércitos. A manhã sucedia um dia impetuoso — um dia de crise e esperança final para a natureza humana, portanto, sofrendo um desaparecimento misterioso e em condições extremas. Em algum lugar, mas eu não sabia onde — de alguma forma, mas eu não sabia como; por meio de algumas pessoas, mas não sabia por quem — uma batalha, uma luta, uma agonia, estava avançando por todos os estágios, estava evoluindo, como uma catástrofe de algum drama imponente, que se tornava insuportável pela profunda confusão de sua cena, sua causa, sua natureza e seu tecido indecifrável. Eu (como normalmente ocorre em sonhos em que por necessidade nos colocamos no centro de qualquer movimento) tinha o poder, embora parecesse não ter nenhum, de decidir. Eu tinha o poder, se eu pudesse desejá-lo; e, mesmo assim, não tinha nenhum poder, pois o peso de 20 oceanos Atlânticos estava sobre mim, ou a opressão de uma culpa inexpiável. Despenquei mais profundamente do que qualquer sonda jamais alcançou, permaneci inativo. Algum interesse maior estava em jogo, alguma causa mais imponente do que qualquer espada ou trompete jamais proclamou. Soaram alarmes, correria de um lado para o outro, trepidações de inúmeros fugitivos, não sei se por uma causa boa ou ruim; escuridão e luz; tempestades e rostos humanos; e, finalmente, com a sensação de que tudo estava perdido, formas femininas, e feições que eram muito valiosas para mim. Depois de um tempo, houve apertos de mãos, abraços e despedidas infinitas! E com um suspiro como as cavernas do inferno suspiravam quando a mãe incestuosa pronunciou o detestável nome da morte, o som reverberou — despedidas infinitas! E de novo reverberaram — despedidas infinitas!

Acordei me debatendo e gritei alto: "Não quero mais dormir!".

Agora, finalmente, assustava-me com a aproximação do sono, sob condições de visões aflitivas e tão vívidas como aquelas que perseguiam minha mente assombrada por fantasmas. Cada vez mais, passei a sentir violentas palpitações em partes do meu corpo como as que são erroneamente chamadas de palpitações do coração — referindo-se, suponho, a disfunções estomacais. Estas estavam cada vez mais frequentes e mais fortes. Naturalmente, portanto, considerando quão importante minha vida havia se tornado para outros além de mim mesmo, fiquei alarmado e fiz uma pausa, mas com uma dificuldade que ultrapassa qualquer capacidade de descrição. De qualquer forma, para mim pareceu como se a morte tivesse, na linguagem militar, "se jogado no meu caminho". Nada menos do que uma angústia mortal, no sentido físico, ao que parecia, para me livrar do ópio. Por outro lado, a morte por meio de terrores nervosos opressivos — por febre cerebral ou loucura — parecia muito seguramente cercar o curso alternativo. Felizmente, eu ainda tinha muita firmeza para encarar aquela escolha que, com bastante sofrimento instantâneo, a distância se mostrou uma possibilidade de fuga final.

Essa possibilidade se realizou: completei minha fuga. E o assunto daquela etapa específica na minha experiência com o ópio (pois isso é o que foi, uma etapa provisória, que preparou o caminho para estágios mais amenos, para os quais gradualmente meu organismo se acomodou) foi, bem próximo das palavras que uso a seguir, comunicado a meus leitores na primeira edição destas *Confissões*:

Triunfei. Mas não suponhais, leitor, pela palavra "triunfei", que foi em condição de alegria ou exultação. Pensais em mim como alguém, mesmo depois de se passarem quatro meses, ainda agitado, contorcendo-se, com palpitações, devastado, como quem foi atormentado, pois carrego os tormentos daquele estado deixado pelo mais inocente sofredor nos tempos do rei James I. Nesse meio-tempo, não obtive nenhum benefício de qualquer medicamento, exceto tintura de valeriana contendo amônia. A moral da narrativa é direcionada ao comedor de ópio, portanto, limitada a sua aplicação. Se ele for ensinado a temer e tremer, ela já conseguiu um bom efeito. Mas ele pode dizer que meu caso é, pelo menos, uma prova de que o ópio, após 18 anos de uso e oito de abuso de seus poderes, é algo de que se pode abrir mão; pode dizer ainda que se se dedicar mais do que eu ou, com um organismo mais forte, pode obter os mesmos resultados. Isso pode ser verdade. Não pretendo medir os esforços de outros homens pelo meu. Sinceramente, desejo a ele mais firmeza; sinceramente, desejo a ele igual êxito. No entanto, tive motivos alheios a mim que ele pode infelizmente querer, e esses motivos me forneceram esmerado apoio, que interesses meramente egoístas podem não fornecer a mentes debilitadas pelo ópio.

Lorde Bacon presume que nascer é tão doloroso quanto morrer. Isso parece provável e, durante todo o período de redução do consumo de ópio, tive os tormentos de um homem passando de um modo de existência para outro, e suscetível às dores misturadas ou alternadas de nascimento e morte. A questão não era a morte, e sim um tipo de regeneração física. E devo acrescentar que desde então, em intervalos, senti a recuperação de algo mais do que meu espírito juvenil.

Uma lembrança da minha antiga condição, no entanto, permanece: meus sonhos não são calmos; a temível ondulação e agitação da tempestade não foi completamente atenuada; as legiões que habitavam neles estão se apaziguando, mas não partindo; meu sono ainda é tumultuado e, como os portões do Paraíso quando nossos primeiros pais os contemplavam ao longe, ainda é (nesse tremendo verso de Milton):

"cheio de rostos pavorosos e braços flamejantes".[52]

---

[52] Verso de *Paraíso Perdido*, de John Milton. Ver nota 5. (N. da T.)

A FILHA DO LÍBANO

Damasco, a primeira das cidades, *Om el Denia*, mãe de gerações, isso foi antes de Abraão, foi antes das Pirâmides! Que sons são aqueles que, de um portão dos fundos, virado para o leste sobre caminhos secretos que levam ao distante deserto, quebram o silêncio solene de uma noite oriental? Que voz é aquela que chama os lanceiros, fazendo guarda no torreão acima do portão, para recebê-los de volta em seu lar sírio? Tu o conheces, Damasco, e o conheceu em tempos turbulentos que já afligiram o homem; igualmente sábio ao receber conselho para o sofrimento tanto do espírito como do corpo. A voz que quebra o silêncio da noite é a voz de um grande evangelista — um dos quatro — que é também um grande médico. Isso os sentinelas ao portão reconhecem com gratidão, e com alegria permitem sua entrada. Suas sandálias estão cheias de poeira, pois ele vem perambulando há semanas pelo deserto, sob as diretrizes dos árabes, em missões de esperançosa benignidade em Palmira. Na sua alma, está cansado de todas as coisas, exceto da fé em Deus, e de um amor ardente aos homens.

As cidades do leste estão dormindo, e quase nenhum som atrapalha a quietude em volta do evangelista enquanto se dirigia ao mercado; mas lá, outra cena o aguardava. Do lado direito, em uma câmara superior, com treliças largamente expandidas, estava um grupo de moços festivos se refestelando sob a luz do meio-dia que vinha de tripés que queimavam madeira perfumada — todos cantando juntos, coroados com odoríferas guirlandas de Dafne e os bancos do rio Orontes. O evangelista nem os considerou. Mas mais distante ao lado esquerdo, perto de um recanto coberto, iluminada por um vaso solitário de arabescos de ferro preenchido com galhos de cedro e içada sobre uma lança, estava sentada uma mulher de beleza tão transcendente que, quando revelada de repente, como agora, vinda da escuridão, aterrorizava os homens como um escárnio, ou um nascimento do ar. Teria ela nascido de uma mulher? Seria ela talvez o anjo — assim o evangelista discutia consigo mesmo — que o encontrou no deserto após o pôr do sol e o fortaleceu com uma conversa secreta? O evangelista subiu e tocou a cabeça dela. E, quando ele descobriu que ela era mesmo humana, e adivinhou, pela estação que ela havia escolhido, que esperava por alguém daquele grupo dissoluto para ser sua companhia, ele lamentou na alma e disse, meio para si mesmo, meio para ela: "Fostes tu, pobre flor arruinada, adornada de forma tão divina no teu nascimento — glorificada em tal excesso que nem Salomão com toda sua pompa — não, nem mesmo os lírios do campo podem chegar perto dos teus dons — para que tu apenas lamentasse o Espírito Santo de Deus?". A mulher tremia demais e disse: "Rabino, o que devo fazer? Pois, pasme, todos os homens me abandonaram". O evangelista refletiu um pouco e secretamente disse a si mesmo: "Agora vou procurar o coração dessa mulher — mesmo que na mais pura verdade ele se incline a Deus, e tenha se desgarrado apenas diante de ardente compulsão". Virando-se à mulher, o profeta disse: "Ouve, sou o mensageiro Dele que tu não conheces, Dele que fez o Líbano e os cedros do Líbano, que fez o mar, e o céu e as estrelas, que fez a luz, que fez a escuridão, que soprou o espírito da vida nas narinas do homem. Mensageiro Dele sou, e Dele todo poder vem a mim para unir e soltar, construir e colocar abaixo. Pede, portanto, o que queiras — seja muito ou pouco — e por meu intermédio receberá de Deus. Mas, minha filha, não peças nada impróprio, pois Deus é capaz de colocar armadilhas em teu caminho. E, com frequência, para os cordeiros que Ele ama Ele dá parecendo que está negando. Agora, portanto, minha filha, sê sábia e dize o que devo pedir a Deus". Mas a filha do Líbano não precisava de sua advertência, pois, imediatamente, caindo de joelhos diante do embaixador de Deus, enquanto a radiante chama do cedro caía sobre a glória do um olho penitente, ela ergueu as mãos unidas em súplica e disse, após o evangelista perguntar uma segunda vez o que ela desejava dos céus: "Senhor, colocai-me de volta na casa de meu pai". E o evangelista, pois que era humano, derramou uma lágrima enquanto se inclinava para lhe beijar a testa, dizendo: "Filha, tua prece foi ouvida no céu, e te digo que, antes que a luz do dia desapareça por 30 dias no horizonte do Líbano, eu te colocarei de volta na casa de teu pai".

Assim, a adorável moça passou à guarda do evangelista. Ela não procurou envernizar sua história, nem atenuar suas transgressões. Como ela havia causado ofensa, seu caso era como o de milhões em todas as gerações. Seu pai era um príncipe orgulhoso, inclemente e austero no Líbano. Os males causados à filha pelo desonroso amante dela, pois que ela dera confiança à integridade dele abrindo o caminho, seu pai insistia em ressentir como males feitos pela própria filha. E, recusando dar a ela qualquer proteção, levou-a, ainda que confessamente inocente, a aquiescências criminosas na busca diária por uma refeição. Ela sofreu grandes males tanto do pai como do amante, mas grande também foi a retribuição. Ela perdeu um pai indelicado e um amante perverso; ganhou um guardião apostólico. Perdeu uma posição principesca no Líbano; ganhou uma herança antecipada no céu. Pois essa herança será dela dentro de 30 dias, caso ela não derrote a si mesma. E, enquanto o movimento furtivo do tempo viajava em direção a esse 30º dia, uma agitação desolou Damasco, que também atingiu a filha do Líbano, ainda que levemente, o que por uma hora a retirou dos ensinamentos celestiais do evangelista. E, assim, diariamente, a dúvida se fortalecia — o apóstolo sagrado em breve a tocaria com sua mão e diria "mulher, sede inteira!" ou no 30º dia ele a apresentaria como uma noiva pura a Cristo? Mas a liberdade perfeita pertence ao serviço cristão, e ela só teria que escolher.

O sol surgiu no céu da 30ª manhã com todo seu esplendor, mas de repente escureceu com tempestades que se aproximavam. O céu azul só se revelou novamente próximo ao meio-dia, então a gloriosa luz foi novamente desmascarada, e mais uma vez os vales sírios se regozijaram. Essa foi a hora já apontada para o batismo da nova filha de Cristo. Céu e terra transbordavam graças pela feliz festa e, quando tudo havia acabado, sob um toldo erguido na altura do teto de sua casa, a filha regenerada do Líbano, observando o jardim de rosas de Damasco, com ampla vista de suas colinas nativas, lá estava em bem-aventurado transe, proclamando, em suas vestes brancas batismais, sua recuperada inocência e reconciliação com Deus. E, quando o sol se pôs no oeste, o evangelista, que estivera sentado desde o meio-dia ao lado da cama de sua filha espiritual, levantou-se solenemente e disse: "Senhora do Líbano, chegou o dia e a hora em que meu pacto contigo deve ser cumprido. Aceitarás tu, portanto, sendo agora mais sábia em teus pensamentos, Deus como teu novo pai que dá parecendo que recusa, que dá de uma maneira melhor, ou em um mundo mais feliz?". Mas a filha do Líbano se entristeceu com essas palavras; ela ansiou por suas colinas nativas, não por elas em si, e sim porque foi lá que ela havia deixado a doce irmã gêmea, com quem andara de mãos dadas desde a infância em meio aos cedros. E novamente o evangelista se sentou ao lado da cama dela, enquanto ela intercalava conversas com ele e o sono sob uma febre opressora. Porém, conforme a noite se aproximava e ia ocupando seu espaço após o pousar do sol, mais uma vez, com profunda seriedade, o evangelista se pôs de pé e disse: "Ó, filha! Este é o 30º dia, e o sol está próximo de seu descanso; curto, portanto, é o tempo que tenho para cumprir a palavra que Deus trouxe a ti por meio de mim". Então, porque nuvens de delírio sobrevoavam o cérebro dela, ele ergueu seu cajado pastoral e, apontando para as têmporas dela, repreendeu as nuvens e ordenou que elas não mais atrapalhassem a visão da moça ou se pusessem entre ela e as florestas do Líbano. E as nuvens delirantes se dissiparam para a direita e para a esquerda. Mas sobre as florestas do Líbano pairava uma massa de vapores ofuscantes, deixados pela tempestade da manhã. E, pela segunda vez, o evangelista ergueu seu cajado pastoral e, apontando para os obscuros vapores, repreendeu-os e ordenou que não mais se interpusessem entre sua filha e a casa do pai. Imediatamente, os vapores escuros se quebraram, e a despedida radiante do sol iluminou todos os caminhos que corriam entre os cedros e o palácio do pai dela. Mas em vão a senhora do Líbano procurou em todos os caminhos por lembranças da irmã. E o evangelista, com pena de sua tristeza, desviou o olhar dela para o céu claro e azul que ficou exposto e mostrou a paz que havia ali. Então, ele disse: "Ó, filha! Isso não passa de uma máscara". E imediatamente, pela terceira vez, ergueu seu cajado pastoral, apontou para o céu azul e o repreendeu, ordenando que nunca mais se colocasse entre ela e a visão de Deus. Imediatamente o céu azul se abriu para a direita e para a esquerda, deixando desnudas revelações infinitas que só podem ser vistas por olhos moribundos. E a filha do Líbano disse ao evangelista: "Ó, pai! Que exércitos são esses que vejo se reunindo dentro do abismo infinito?". E o evangelista respondeu: "Esses são os exércitos de Cristo, e eles estão se reunindo para receber uma flor humana querida, os primeiros frutos da fé cristã, que se erguerá esta noite de Damasco para Cristo". De repente, como se a filha do Líbano fitasse a poderosa visão, ela viu pendendo do céu o semblante pelo qual havia ansiado. A irmã gêmea, que deveria ter esperado por ela no Líbano, havia morrido de tristeza e a aguardava no Paraíso. Imediatamente arrebatada, ela emergiu de sua poltrona; imediatamente caiu para trás de fraqueza. Ao ser amparada pelo evangelista, colocou os braços em volta do pescoço dele enquanto ele sussurrava nos ouvidos dela seu último suspiro: "Irás aceitar agora que Deus dá como se estivesse recusando?". "Ah, sim, sim, sim", foi a resposta fervorosa da filha do Líbano. Imediatamente o evangelista fez sinal para o céu e o céu fez sinal para o sol, e em um minuto a filha do Líbano tinha caído para trás como um cadáver de mármore em suas vestes brancas batismais, o globo solar caía atrás do Líbano, e o evangelista, com olhos glorificados por lágrimas mortais e imortais, deu graças a Deus de ter cumprido sua palavra para com a Madalena do Líbano — que, antes que o sol se pusesse pela 30ª vez atrás das colinas de sua terra, ele a levaria de volta à casa do pai.

LEVANA E NOSSAS SENHORAS DAS DORES

Várias vezes em Oxford vi Levana em meus sonhos. Eu a conhecia por seus símbolos romanos. Quem é Levana? Leitor, por não fingirdes que não há muito lazer para quem é muito culto, não ficardes bravo comigo por vos contar. Levana foi a deusa romana que realizava com os recém-nascidos uma prática de enobrecedora gentileza — típica, na forma, da grandeza que pertence aos homens em todos os lugares, e daquela benevolência em poderes invisíveis que mesmo em mundos pagãos às vezes aparecem para apoiá-lo. No exato momento do nascimento, assim que a criança experimentava pela primeira vez a atmosfera de nosso conturbado planeta, era colocada no chão. Mas, imediatamente, para que uma criatura tão grande não se humilhasse lá por mais que um instante, a mão paternal, como representante da deusa Levana, ou algum parente próximo, como representante do pai, erguia a criança, colocava-se ereto como o rei do mundo todo e apresentava a cabeça dela para as estrelas dizendo, em silêncio talvez: "Contemplai o que é maior que vós!". Este ato simbólico representava a função de Levana. E aquela senhora misteriosa, que nunca revelava sua face (exceto a mim, em meus sonhos), mas sempre agia por autorização, tinha o nome tirado do verbo latino (que é o mesmo verbo em italiano) *levare*, levar ao alto.

Essa é a explicação do nome Levana, e, assim, algumas pessoas entenderam como Levana o poder tutelar que controla a educação infantil. Já que ela não padeceria em seu nascimento de uma degradação prefigurativa ou mímica por sua terrível divisão, menos ainda poderia se esperar que padecesse da degradação real ligada ao não desenvolvimento de seus poderes. Ela, portanto, cuida da educação humana. Então, a palavra *educo*, com a penúltima sílaba curta, era derivada (por um processo muitas vezes exemplificado na cristalização das línguas) da palavra *educo*, com a penúltima silabada longa. O que quer que *educes* ou desenvolva, *educates*. Pela educação de Levana se entende, portanto, não o pobre mecanismo que move abecedários e gramáticas, e sim aquele poderoso sistema central de forças escondidas no fundo do peito da vida humana, que, por paixão, por discórdia, por tentação, pelas energias da resistência, atua sempre sobre as crianças — não descansando de dia nem à noite, não mais do que o poderoso ciclo cujos momentos, como raios inquietos, brilham para sempre enquanto giram.

Se esses, então, são os ministérios pelos quais Levana atua, muito profundamente ela deve reverenciar os agentes da tristeza. Mas, vós, leitor, pensai que as crianças não são propensas a tristezas como as minhas. Há dois sentidos na palavra "geralmente" — o sentido estabelecido por Euclides, que significa universalmente (no sentido completo de *genus*), ou um sentido mais tolo, que significa usualmente. Então, estou longe de dizer que as crianças universalmente são capazes de um sofrimento como o meu. Mas mais gente do que você já ouviu falar morre de tristeza nessa nossa ilha. Contar-vos-ei um caso comum. As regras de Eton requerem que um garoto na instituição deveria ficar lá por 12 anos: ele já estará ultrapassado aos 18, portanto, deve entrar aos 6. Não é raro que crianças separadas de mães e irmãs nessa idade morram. Falo com conhecimento de causa. A reclamação não está registrada como tristeza, mas é o que ela é. Tristeza daquele tipo, e naquela idade, matou mais do que já foi computado entre seus mártires.

Por isso que Levana sempre se comunica com as forças que balançam o coração de um homem: por isso que ela tem um fraco pela tristeza. "Essas senhoras", eu disse a mim mesmo, ao ver os ministros com quem Levana estava conversando, "essas são as dores; e elas são três, como as Graças são três, que adornam a vida do homem com beleza, como as parcas eram três, que tecem o escuro tapete da vida do homem em seu misterioso tear, sempre com cores tristes em parte, às vezes bravas com trágico carmim e negro; as fúrias são três, que visitam como retribuição ofensas do outro lado do túmulo; e uma vez até as musas[53] eram três, que afinavam a harpa, o trompete e o alaúde, aos grandes fardos das criações apaixonadas dos homens. Essas são as dores, todas as três eu conheço". As últimas palavras digo agora, mas em Oxford eu disse: "Uma eu conheço, as outras com certeza conhecerei". Pois

....

53 As dores, conhecidas como algea na mitologia grega, eram responsáveis por causar tristeza e trazer lágrimas aos homens. As parcas na mitologia romana (equivalentes às moiras na mitologia grega) são divindades que controlam o destino dos mortais, questões envolvendo vida e morte, por exemplo. As fúrias na mitologia romana (equivalentes às erínias na mitologia grega) são a personificação da vingança, vivem nas profundezas do Tártaro, torturando almas. Na mitologia grega, as musas eram divindades capazes de inspirar criações artísticas e científicas. Eram a elas que os poetas, ou aedos, recorriam para obter o estímulo para criar seus poemas épicos, por exemplo. Originalmente, adoravam-se três musas, mas, depois, consolidou-se o número de nove musas. (N. da T.)

na minha juventude efervescente, eu vi (sombriamente aliviado com o fundo escuro dos meus sonhos) os contornos imperfeitos das terríveis irmãs. Essas irmãs — por qual nome devo chamá-las? Se eu disser simplesmente "As Dores" pode ser que me engane no termo; pode ser entendido como dor individual, casos separados de dor — enquanto eu desejo um termo para expressar as poderosas abstrações que encarnam em todos os sofrimentos individuais do coração do homem; e eu desejo ter essas abstrações apresentadas como falsificações, isto é, vestidas com atributos humanos da vida, e com funções apontando para a carne. Portanto, chamá-las-emos de "Nossas Senhoras das Dores". Conheço-as profundamente, caminhei pelos domínios delas. São três irmãs de um lar misterioso; e seus caminhos são separados, mas não há fim para seus domínios. Eu as vi conversando com Levana com frequência, e às vezes sobre mim. Elas conversam, então? Ó, não! Pujantes fantasmas como essas desdenham das fragilidades da língua. Elas podem proferir vozes pelos órgãos humanos quando habitam corações humanos, mas entre si não há qualquer voz ou som; silêncio eterno reina em seus domínios. Elas não falaram, enquanto conversaram com Levana; elas não sussurraram; elas não cantaram, pois eu muitas vezes ouvi seus mistérios serem decifrados sobre a terra pela harpa, pelo tamborim, pelo saltério e pelo órgão. Como Deus, de quem elas são servas, elas expressam seu prazer não por meio de sons que perecem ou por palavras que se perdem, e sim por sinais no céu, por mudanças na terra, por pulsações em rios secretos, heráldica pintada na escuridão e hieróglifos escritos nas tabuletas da mente. Elas giraram em labirintos; eu pressagiei os passos. Elas telegrafaram de longe; eu li os sinais. Elas conspiraram juntas; e nos espelhos da escuridão meu olho delineou as tramas. As delas eram símbolos; as minhas eram palavras.

Mas o que são as irmãs? O que é que elas fazem? Descreverei sua forma, sua presença: se é que era forma o que permeava seu contorno ou presença aquilo que se avançava à frente ou retrocedia em meios às sombras.

A mais velha das três se chama *Mater Lachrymarum*, Nossa Senhora das Lágrimas. Ela é aquela que noite e dia delira e lamenta, chamando por rostos desaparecidos. Ela ficava em Rama, onde uma voz de lamentação foi ouvida — era Raquel chorando por seus filhos e se recusando a ser confortada. Ela é aquela que esteve em Belém na noite em que a espada de Herodes varreu inocentes e os pezinhos ficaram endurecidos para sempre, que, ouvidos em tempos em que eles davam os primeiros passos no andar de cima, suscitavam pulsações de amor em corações não despercebidos no céu.

Seus olhos são doces e sutis, selvagens e sonolentos, alternativamente; com frequência subindo até as nuvens, com frequência desafiando o céu. Ela usa uma diadema ao redor da cabeça. E eu sabia por lembranças da infância que ela podia circular nos ventos quando ouvia a lamúria das litanias ou o estrondo de órgãos e quando ela contemplava as nuvens de verão se formando. Essa irmã, a mais velha, é aquela que carrega mais chaves do que objetos papais na cinta, que abre todo casebre e todo palácio. Ela, que eu saiba, passou todo o último verão sentada ao lado da cama do mendigo cego, ele com quem conversei com tanta frequência e tão alegre, cuja filha devota, de 8 anos, com o semblante iluminado, resistiu às tentações de brincadeiras e risadas pela vila para passar o dia todo em estradas poeirentas com seu fustigado pai. Por isso, Deus enviou a ela uma grande recompensa. Na primavera daquele ano, e enquanto sua própria primavera estava florescendo, ele a convocou a si. Mas seu pai cego lamenta para sempre por ela; ele ainda sonha à noite que a pequena mão que o guiava está trancada em meio à sua, e ele ainda desperta para uma escuridão que agora é ainda mais profunda. Essa *Mater Lachrymarum* também esteve sentada todo o inverno de 1844-1845 dentro do quarto de um czar, trazendo diante dos olhos dele uma filha (não menos devota) que desaparecia diante de Deus não menos de repente, e deixava para trás uma escuridão não menos profunda. É pelo poder das chaves que Nossa Senhora das Lágrimas desliza um intruso espectral para o quarto de homens, mulheres e crianças insones, do Ganges ao Nilo, do Nilo ao Mississippi. E ela, porque foi a primeira a nascer em sua casa e tem o mais vasto império, honramos com o título de "Madonna!".

A segunda irmã se chama *Mater Suspiriorum* — Nossa Senhora dos Suspiros. Ela nunca escala as nuvens. Não usa diadema. E seus olhos, se já foram vistos alguma vez, não eram nem doces nem sutis. Nenhum homem poderia ler sua história; descobrir-se-ia que elas eram recheadas de sonhos perecíveis e destroços de delírios esquecidos. Mas ela não ergue os olhos; sua cabeça, sobre a qual está um turbante dilapidado, está sempre inclinada, para sempre atada à poeira. Ela não chora. Não lamenta. Mas sussurra de forma inaudível de tempos em tempos. Sua irmã, Madonna, está sempre agitada e exaltada, enfurecendo-se contra o céu e pedindo de volta seus entes queridos. Mas Nossa Senhora dos Sussurros nunca clama, nunca desafia, sonhos que não são de aspirações rebeldes. Ela é humilde diante de atrocidades. Dela é a mansidão que pertence aos desesperançados. Ela pode até murmurar, mas é durante o sono. Pode até sussurrar, mas é para si mesma no crepúsculo. Pode resmungar às vezes, mas em locais solitários que estão tão desolados quanto ela, em cidades arruinadas, e quando o sol já se pôs para descansar. Essa irmã é a que visita o pária, o judeu, o fiador do remo nas galés do Mediterrâneo e o criminoso inglês na ilha de Norfolk, apagado dos registros na doce e distante Inglaterra, o atônito penitente revirando os olhos em um túmulo solitário que para ele parece o altar derrubado de um sacrifício sangrento do passado, sobre o qual nenhuma oblação pode agora ser oferecida, seja por perdão implorado ou tentativa de reparação. Todo escravo que ao meio do dia admira o sol tropical com uma tímida reprovação, conforme ele aponta com uma mão para a terra, nossa mãe, mas para ele uma madrasta, e aponta com a outra mão para a Bíblia, nossa mestra, mas contra ela selada e retida; toda mulher sentada na escuridão, sem amor para proteger sua cabeça ou esperança para iluminar sua solidão, porque os instintos com origem no céu acendendo em sua natureza germes de afeições sagradas que Deus implantou em seu seio feminino, tendo sido sufocada por necessidades sociais, agora queimam soturnamente para se desperdiçar, como lâmpadas sepulcrais entre os antigos; toda freira defraudada de sua primavera sem retorno por compatriotas maldosos, que Deus julgará; todo cativo em toda masmorra; todos que são traídos e todos que são marginais rejeitados pela lei tradicional e filhos da desgraça hereditária — todos estes caminham com Nossa Senhora dos Suspiros. Ela também carrega uma chave, mas precisa muito pouco dela. Pois seu reino está principalmente entre as tendas de Shem,[54] e os vagabundos sem casa de cada clima. Mesmo nas caminhadas mais elevadas do homem, ela encontra capelas construídas para ela; e mesmo na gloriosa Inglaterra há alguns que, para o mundo, carregam

....
54 Nome que vem do hebraico de um dos filhos de Noé. (N. da T.)

sua cabeça tão orgulhosos quantos as renas, que secretamente receberam a marca dela na testa.

Mas a terceira irmã, que também é a mais jovem — Silêncio! Sussurremos enquanto falamos dela! Seu reino não é grande, senão nada sobreviveria, mas dentro daquele reino todo poder é dela. Sua cabeça, envolta em torres como a de Cibele, emerge além do alcance da vista. Ela não se inclina, e seus olhos que sobem tão alto podem ser escondidos a distância; mas, sendo o que são, não podem ser escondidos; através do véu triplo de crepe que ela usa, a severa luz de um mistério ardente, que não espera por manhã ou tardes, por meios-dias ou meias-noites, por fluxo ou refluxo da maré, pode ser lida do chão. Ela é a que desafia Deus. Também é a mãe dos lunáticos e a insinuadora de suicídios. As raízes de seu poder jazem bem profundas, mas a nação que ela domina é estreita. Pois ela pode se aproximar apenas daqueles nos quais uma natureza profunda foi perturbada por convulsões centrais, nos quais o coração treme e o cérebro balança sob conspirações de tempestades externas e internas. A Madonna se move com passos incertos, rápidos ou lentos, mas ainda com uma graça que soa trágica. Nossa Senhora dos Suspiros se arrasta tímida e dissimuladamente. Mas essa irmã mais nova se desloca com movimentos incalculáveis, limitantes e com pulos de tigre. Ela não carrega chaves, pois, como é raro vir entre homens, invade todas as portas em que não dão permissão para ela entrar. E seu nome é *Mater Tenebrarum* — Nossa Senhora das Trevas.

Essas foram as *Semnai Theai,* ou Deusas Sublimes, essas foram as *Eumênides,* ou Senhoras das Graças, dos meus sonhos em Oxford. Madonna falou. Falou por meio de sua mão misteriosa. Tocando minha cabeça, ela disse para Nossa Senhora dos

Suspiros e o que ela falou, traduzido dos sinais que (exceto nos sonhos) nenhum homem consegue ler, foi isso:

"Olha! Aqui está ele, que na infância eu dediquei aos meus altares. É ele que outrora fora meu predileto. Ele que eu desviei, ele que eu seduzi, e do céu eu roubei seu jovem coração às escondidas para o meu. Por meu intermédio ele se tornou um idólatra, e por meu intermédio foi que, por desejos lânguidos, venerou o verme e orou para seu túmulo infestado. Sagrado era o túmulo para ele, adorável era sua escuridão, santa era sua corrupção. Ele, esse jovem idólatra, eu temperei para ti, querida e gentil Irmã de Suspiros! Toma-o em teu coração e tempera-o para nossa temível irmã. E tu", virando-se para a *Mater Tenebrarum*, ela disse, "perversa irmã, que o seduz, mas o odeia, toma-o dela. Vê que teu cetro jaz pesado na cabeça dele. Não sofras, mulher, com a ternura ao sentar-te ao lado dele em sua escuridão. Bane as fragilidades da esperança, seca o amor que cede, resseca a fonte de lágrimas, amaldiçoa-o como apenas tu podes amaldiçoar. Assim ele será recebido na fornalha, ele verá coisas que não deveriam ser vistas, imagens abomináveis e segredos que são impronunciáveis. Assim ele lerá verdades mais antigas, verdades tristes, verdades grandiosas, verdades temíveis. Assim ele se levantará novamente antes que morra, e a incumbência que recebemos de Deus terá sido cumprida: atormentar seu coração até que tivéssemos revelado as habilidades de sua alma".

APÊNDICE

Carta de De Quincey publicada na *London Magazine* em dezembro de 1821.

Ao editor da *London Magazine*.

Prezado senhor,

(...)

Deixando de lado esse assunto e passando para outro mais diretamente relacionado à sua publicação: vi no *Sheffield Iris*[55] uma resenha do meu livro chamado *Confissões de um Inglês Comedor de Ópio*. Uma resenha de qualquer tipo do senhor Montgomery já me agradaria, pois provaria que eu já teria vencido meus esforços em captar a atenção de um homem de inteligência tão distinta. Diante de uma resenha tão enfática quanto essa e com um preâmbulo de tamanha beleza como o que está nos dois primeiros parágrafos sobre a capacidade de sonhar, encho-me de gratidão, pois reconheço como uma expressão mais lisonjeira e memorável do que qualquer uma que me permiti prever.

Não fico desgostoso por uma passagem nos comentários do senhor Montgomery me fazer lembrar de uma dúvida que tinha me ocorrido antes. A passagem a que me refiro é esta: na quarta página do *Iris*, entre as observações com as quais o senhor Montgomery havia introduzido os trechos que citou, está dito: "Seja esse personagem" (o personagem que o comedor de ópio encarna) "real ou imaginário, não sabemos". A mesma dúvida me foi reportada vindo de outra fonte, mas naquela ocasião

---

55 Jornal semanal publicado às terças-feiras na cidade de Sheffield, na Inglaterra, de 1787 a 1855. (N. da T.)

revestida de expressões tão descorteses que não julguei que seria digno de minha parte respondê-la. Digo isso sem mágoa, e espero que possa ser uma influência razoável para qualquer homem em recusar dar uma resposta para todos os impedimentos diretos de sua veracidade. No caso do senhor Montgomery, no entanto, a autenticidade já vem na forma como ele antecipou com sua natureza educada e honrosa, insinuando não mais do que uma sugestão (em uma visão talvez complementar à minha) de que o caso todo poderia ser intencionalmente algo fictício, com respeito aos acontecimentos, e escolhido como uma forma mais impactante de comunicar alguma moral ou exortação médica para o comedor de ópio não confirmado. Assim colocado, não tenho nenhum direito de discutir com essa incerteza. Mas, de certa forma, eu deveria me sentir incomodado com o fato de que essa visão da narrativa foi tirada por aqueles que podem tê-la lido. E, portanto, asseguro ao senhor Montgomery, nesse meio público, que as *Confissões* foram pensadas para transmitir a ideia da minha própria experiência como um comedor de ópio, obtida com total simplicidade e fidelidade aos fatos, dos quais elas não podem, em nenhum aspecto, ter desviado, exceto por algumas imprecisões menores como data, por exemplo, já que o memorando que tenho comigo em Londres não permitiria que minha certeza fosse diminuída. Para além desse memorando, eu trabalhei às vezes (como reconhecerei) sob um constrangimento mais sério: para não dizer nada além da verdade, em todos os casos, deve-se haver uma lei moral incondicional; para dizer toda a verdade, não é bem assim: no início da narrativa eu reconheço que nem sempre poderia fazer isso; com respeito à fragilidade de alguns que ainda estão vivos e à justa delicadeza da memória de outros que já morreram me obriguei, em vários pontos da narrativa, a suprimir o que teria gerado mais interesse na história e, às vezes, talvez, tenha deixado no leitor impressões favoráveis a outros propósitos de um autobiógrafo. Em casos que tocam muito de perto em seus próprios direitos e interesses, todos os homens deveriam hesitar em confiar no próprio julgamento.

Sendo assim, imponho uma restrição sobre mim mesmo, como todo homem justo e consciencioso faria: eu falei destemidamente sobre tudo, como se estivesse escrevendo memórias privadas para meus amigos mais próximos. De fato, houve acontecimentos na minha vida relacionados a lembranças de tristeza e, às vezes, de autocensura, e que haviam se tornado, em virtude de uma habitual contemplação, sagrados demais para ser alterados ou distorcidos para propósitos indignos de efeito cênico, sem violar os sentimentos de respeito a si mesmo que todos os homens deveriam ter, causando uma ferida duradoura na minha consciência.

Tendo respondido à questão envolvida na passagem que citei do *Iris*, devo notar uma objeção que se fez chegar até mim por diversos canais, e em termos amigáveis demais para ser menosprezada como se eu a julgasse infundada, mas na verdade era muito justa. Tratava-se disso: que eu havia manipulado tão bem a segunda narrativa a ponto de deixar um desequilíbrio a favor dos prazeres do ópio, e que os horrores em si, descritos como ligados ao uso do ópio, não passam do limite do prazer. Não sei como me desculpar em relação a isso, a não ser alegando (o que é bastante óbvio) que descrever qualquer dor, de qualquer tipo, escolhendo ou rejeitando pensamentos e expressões, é tarefa das mais difíceis. No meu caso, mal sei se compete a mim alegar mais adiante que eu era limitado, tanto em tempo como em espaço, contanto que apareça na capa do meu jornal que eu não transformei tudo pelo que passei no melhor registro. Sabeis, no entanto, que escrevi sob extrema pressa e circunstâncias muito deprimentes quanto a outros aspectos. No geral, talvez, a melhor maneira de combater essa objeção seja vos enviar a Terceira Parte de minhas *Confissões*:[56]

---

[56] Na Parte III colocarei algo que foi suprimido pelo *Medical Intelligencer* (nº 24): a omissão de registrar os efeitos específicos do ópio entre 1804 e 1812. Essa edição do *Medical Intelligencer* é uma espécie de resumo analítico de ensaios, resenhas etc. médicos contemporâneos publicados em vários outros meios. Não julgo seus méritos em geral. Mas, para ser justo com o autor do artigo relacionado a mim, devo dizer que é do tipo mais notável e que possui uma capacidade habilidosa de sintetizar e escrever criteriosamente que jamais conheci. (N. do A.)

retirada com assistência do mais completo memorando e das lembranças da minha única companhia durante aqueles anos, como poderei fazer quando retornar para o Norte. Espero poder voltar para lá no curso da próxima semana. Assim, por volta do fim de janeiro, devo ter conseguido algum tipo de descanso de minhas outras atividades. Não me arrisco a esperar que se possa compreender o que é estar em privação, mas é adequado que eu faça um esforço, mesmo que seja apenas para encontrar as expressões de interesse nos meus escritos anteriores que chegaram a mim de todos os lugares, ou deixar a marca da minha gentileza pessoal que, em muitos casos, deve ter ditado os termos nos quais aqueles interesses foram comunicados.

Isso, acredito, é o que eu tinha para dizer. Algumas coisas que eu estaria disposto a acrescentar não seriam adequadas a uma carta pública. Deixe-me dizer, no entanto, que, no geral, esses dois livros meus, curtos e triviais como são, produziram, de certa forma, um resultado desproporcional, embora de natureza pessoal, ao direcionar a muitos atos gentis, serviços generosos e expressões de consideração, de diversas maneiras, de homens de talento em Londres.

Para eles de agora em diante devo olhar como uma fonte de lembranças agradáveis. Enquanto isso, no momento, eles me prestaram um serviço não menos aceitável e de muitas formas agradável ao estabelecer minha residência em Londres, em um tempo em que, em outras circunstâncias, eu estaria muito longe.

Atenciosamente,
X. Y. Z.
Londres, 27 de novembro de 1821.

APÊNDICE À PRIMEIRA PUBLICAÇÃO EM FORMA DE LIVRO DAS CONFISSÕES, EM 1822.

Já que os detentores dos direitos deste pequeno trabalho decidiram reimprimi-lo, algumas explicações parecem necessárias, a fim de justificar o não aparecimento da Parte III prometida em dezembro último na *London Magazine*, e mais ainda porque os detentores, que garantiram que ela seria publicada, podem ser implicados na culpa — muita ou pouca — atrelada ao seu não cumprimento. Essa culpa, justiça seja feita, o autor do livro assume completamente. O que seria a quantia exata de culpa que ele levaria é uma questão obscura a seu próprio julgamento e não recebe iluminação de nenhum mestre da casuística que ele tenha consultado na ocasião. Por um lado, parece que o cumprimento de uma promessa se dá de forma inversamente proporcional ao número de pessoas para o qual se prometeu, por isso que vemos muitas pessoas quebrando, sem qualquer escrúpulo, promessas que são feitas a uma nação inteira que religiosamente mantém sua fé — violações de promessas feitas para pessoas mais poderosas por conta e risco de um homem. Por outro lado, as únicas partes interessadas nas promessas de um autor são seus leitores, e qualquer autor é modesto ao ponto de acreditar que estes não são muitos, ou até apenas um — neste caso, qualquer promessa impõe uma obrigação santificada que é chocante ao se pensar. Deixando de lado a casuística, entretanto, o autor se põe a considerar todos que se julgam lesados com seu atraso, levando em conta sua própria condição desde o fim do último ano, quando o compromisso foi feito, até praticamente o presente. Por qualquer razão de desculpa, deve ser suficiente dizer que sofrimentos físicos insuportáveis o incapacitaram para quase qualquer esforço da mente, mais especificamente para o que exige e pressupõe que o indivíduo esteja disposto e animado; mas, como um caso que possivelmente pode vir a contribuir um pouco para a história médica do ópio em um estágio mais avançado de sua ação do que pode normalmente ser levantado por profissionais, ele julgou que pode ser aceitável para alguns leitores ter isso descrito em mais pormenores. *Fiat experimentum in corpore vili*[57] é apenas uma regra em que não há qualquer suposição de um razoável benefício para surgir em larga escala. Há o benefício da dúvida, mas não quanto ao valor do corpo, pois não pode haver um corpo com menos valor do que o dele, o autor pode confessar. É seu orgulho acreditar que é o ideal de um corpo humano maluco e desprezível que mal poderia ter pretendido passar dois dias debaixo de tempestades comuns da vida. E, na verdade, se esse era o jeito louvável de dispor de corpos humanos, ele deve admitir que deveria quase ter se envergonhado de legar sua deplorável estrutura a qualquer cão respeitável. Vamos agora ao caso, que, a

---

57 Latim: que o experimento seja feito em um corpo sem valor. (N. da T.)

fim de evitar a constante recorrência de uma paráfrase incômoda, o autor tomará a liberdade de dar seu relato em primeira pessoa:

Aqueles que leram as *Confissões* poderiam ter tido a impressão de que eu renunciei completamente ao uso do ópio. Eu quis dar a entender isso por duas razões: primeiro, porque o próprio ato de deliberadamente registrar tal estado de sofrimento necessariamente pressupõe um poder de supervisionar seu próprio caso como um espectador indiferente e um grau de perspicácia para descrevê-lo adequadamente; segundo, porque eu, que reduzi de uma quantidade tão grande quanto oito mil gotas a uma tão pequena (comparativamente falando), entre 160 e 300 gotas, posso muito bem supor que a vitória foi alcançada. Entretanto, não deixei nenhuma impressão para fazer meus leitores me considerarem um comedor de ópio recuperado além da que compartilhei. E mesmo esta pode ser tirada do tom geral da conclusão e não de qualquer palavra específica — que de nenhuma maneira se desvia da verdade literal. Em nenhum momento depois que aquele livro foi escrito percebi que o esforço que permanecia me custaria muito mais energia do que eu havia previsto, e a necessidade de fazê-lo era mais aparente a cada mês. Em especial, tomei ciência de crescente sensibilidade no estômago, o que imaginei ser uma cirrose já estabelecida ou em formação. Um médico de destaque, a cuja gentileza fiquei extremamente agradecido na época, informou-me que uma resolução para o meu caso era impossível; se continuasse a usar o ópio, seria improvável uma resolução diferente. Ao ópio, portanto, resolvi renunciar completamente, assim que eu me encontrasse livre para destinar minha energia e atenção a esse propósito. Todavia, não foi até 24 do último mês de junho que as condições ideais para essa tentativa surgiram. Naquele dia comecei meu experimento, tendo colocado na cabeça que eu não hesitaria, mas que iria "me ater ao proposto" sob qualquer forma de "punição". Devo supor que cerca de 170 ou 180 gotas vinham sendo minha cota permitida por dia havia meses. Ocasionalmente, eu a aumentava para 500, e uma vez para quase 700. Em repetidos prelúdios do meu experimento final também reduzi para 100 gotas, mas considerei impossível manter esse consumo depois do quarto dia — que, aliás, sempre era mais difícil do que os três dias anteriores. Acabei chegando a um consumo de 130 gotas por três dias e despenquei para 80 de uma vez no quarto. O estado deplorável pelo qual agora passo me "tirou a prepotência" de uma vez, e por cerca de um mês eu continuei mais ou mesmo nesse nível. Então, enxuguei para 60 e no dia seguinte para... absolutamente nada. Esse foi o primeiro dia em quase dez anos que eu vivi sem o ópio. Fui perseverante na minha abstinência por 90 horas, o que deu quase meia semana. Então eu tomei... não me pergunte quanto. O que teríeis feito? Depois me abstive novamente, e então tomei 25 gotas; depois me abstive mais uma vez, e assim por diante.

Enquanto isso, os sintomas que tive pelas primeiras seis semanas foram estes: irritação e agitação do corpo todo; o estômago, em especial, recuperou sua vitalidade e sensibilidade, mas sempre com muita dor; os dias e noites eram cada vez mais inquietos; dormir eu mal sabia o que era, no máximo três horas a cada 24, e era tão agitado e leve que eu ouvia todo som perto de mim; o lábio inferior estava inchado; a boca, ulcerada; e muito outros sintomas perturbadores que causariam tédio se eu contasse, entre os quais, no entanto, devo mencionar um, porque acompanhou minha tentativa de renunciar ao ópio: violentos espirros. Isso agora se tornou extremamente problemático, às vezes, durando por duas horas na sequência, e recorrendo pelo menos duas ou três vezes ao dia. Não fiquei muito surpreso com isso, pois me lembrava que havia ouvido ou lido em algum lugar que a membrana que reveste as narinas é um prolongamento daquela que cobre o estômago, daí, acredito, vem a explicação para as inflamações nas narinas dos bebedores de destilados. A repentina restauração da sensibilidade original no estômago se mostrou dessa forma, creio eu. Deve-se notar também que, durante todos os anos nos quais tomei ópio nunca peguei um resfriado, nem tive uma leve tosse. Mas agora um forte resfriado me atacou e em seguida tive tosse. Em um fragmento não inconcluso de uma carta começada naquela época para --, encontrei essas palavras: "Tu me pedes para escrever o -- --. Conheces a peça *Thierry e Theodoret* de Beaumont e Fletcher? Lá tu verás meu caso quanto ao sono; não é nenhum exagero. Garanto que tenho um influxo maior de pensamentos em uma hora hoje do que em um ano inteiro sob a influência do ópio. É como se todos os pensamentos que haviam sido congelados por uma década pelo uso de ópio tivessem sido agora, de acordo com a velha fábula, descongelados de tantos que me ocorrem vindos de todas as partes. Mas tal é minha impaciência e tremenda irritabilidade que, a cada um que eu apreendo e anoto, outros 50 me escapam. Apesar da fadiga advinda do sofrimento e da privação de sono, não consigo ficar parado ou sentado por mais do que dois minutos. "*I nunc, et versus tecum meditare canoros.*"[58]

Nessa etapa do meu experimento, mandei chamar um médico na vizinhança para vir me ver. Ele chegou à noite e, após eu explicar o caso a ele resumidamente, fiz a seguinte pergunta: se ele não achava que o ópio poderia ter atuado como estimulante

---

[58] Latim: vai, agora, e medita tuas melodiosas canções. Verso extraído das *Epístolas*, do poeta da Roma Antiga Horácio (65 a.C. – 8 a.C.). (N. da T.)

aos órgãos digestivos e que meu presente estado de sofrimento estomacal, que claramente era a causa da incapacidade de dormir, poderia ter surgido de indigestão. Sua resposta foi: não, ao contrário. Ele achava que a dor era causada pela digestão em si, que deveria naturalmente ocorrer inconscientemente, mas que, em razão do estado incomum em que o estômago se encontrava, viciado há tanto tempo no uso do ópio, havia se tornado claramente perceptível. Essa opinião era plausível, e a natureza contínua do sofrimento me faz pensar que era verdade, pois, se tivesse sido qualquer enfermidade irregular do estômago, teria naturalmente alternado e constantemente variado de intensidade. A intenção da natureza, conforme manifestada no estado de saúde, é obviamente retirar da nossa percepção todos os movimentos vitais, tais como a circulação sanguínea, a expansão e contração dos pulmões, os movimentos peristálticos do estômago, por exemplo, e o ópio, ao que parece, é capaz, como em outras situações, de contrariar os propósitos dela. Por aconselhamento do médico, tentei bebidas amargas. Por pouco tempo, elas mitigaram enormemente os sentimentos sob os quais eu atuava, mas por volta do 42º dia do experimento, os sintomas percebidos começaram a desaparecer, e novos, de tipos diferentes e bem mais atormentadores, surgiram. Sob estes, mas com poucos intervalos de remissão, continuei então a sofrer. Mas eu os dispenso sem descrevê-los por duas razões: primeiramente, porque a mente se revolta ao refazer o caminho de qualquer sofrimento do qual tenha sido removida por um intervalo muito curto ou nenhum intervalo. Fazer isso com detalhe o bastante para tornar a revisão útil seria de fato *infandum renovare dolorem*[59] e, provavelmente, sem

---

[59] Latim: renovar uma dor atroz. Adaptação de uma frase proferida por Enéias no livro II da *Eneida*, de Virgílio. (N. da T.)

motivo suficiente. Em segundo lugar, não tenho certeza se esse último estado pode ser referido ao uso de ópio, seja positivo ou negativo, isto é, se deve ser listado entre os últimos malefícios da ação direta do ópio, ou mesmo entre os primeiros malefícios advindos de uma privação do ópio em um organismo por muito tempo desequilibrado por seu uso. Certamente, uma parte dos sintomas podia ser atribuída à época do ano (mês de agosto), pois, embora o verão não tenha sido muito quente, ainda assim a quantidade de todo o calor armazenada (se assim se pode dizer) nos meses anteriores se somou à daquele mês, o que naturalmente fez de agosto o mês mais quente do ano; tanto que a excessiva transpiração que, mesmo na época do Natal, resulta em uma grande redução do consumo diário de ópio, e que em julho foi tão violenta a ponto de me obrigar a usar a banheira cinco ou seis vezes em um dia, havia cessado completamente quando a estação mais quente do ano começou, quando o efeito ruim do calor pôde ser completo. Outro sintoma, que na minha ignorância chamo de reumatismo interno (às vezes afetando os ombros, mas mais aparentemente parecendo ser no estômago), parecia ser menos atribuível ao ópio ou à privação de ópio do que a umidade da casa em que eu vivo,[60] que naquela época havia atingido o ápice, sendo julho, como de costume, um mês de incessantes chuvas nessa parte que é a mais pluviosa da Inglaterra.

Com base nessas razões para duvidar que o ópio tenha qualquer conexão com o último estágio da desgraça do meu organismo

---

60 Ao dizer isso, não quero ser desrespeitoso com a casa em si, como o leitor irá entender quando eu disser que, com a exceção de uma ou duas mansões principescas, e umas poucas de nível inferior que foram cobertas com cimento romano, não conheço qualquer casa nessa região montanhosa que seja à prova de água. A arquitetura de livros, aqui me exalto, é conduzida sobre princípios justos neste país, mas qualquer outra forma de arquitetura está em um estado pavoroso e, o que é pior, retrógrado. (N. do A.)

(exceto ter deixado o corpo mais fraco e mais louco e, assim, predisposto a qualquer má influência), pouparei o leitor de toda a descrição. Que caia no esquecimento para ele e também nas minhas próprias lembranças, para que horas de tranquilidade no futuro não sejam perturbadas por uma imagem vívida demais de possível miséria humana!

Passemos para a sequência do meu experimento. Quanto ao estágio anterior, em que propriamente está o experimento e sua aplicação a outros casos, devo pedir ao meu leitor que não esqueça as razões pelas quais o registrei. Foram duas: primeiro, acreditar que posso adicionar alguma trivialidade à história do ópio como um agente terapêutico. Estou ciente de que nesse caso não atendi a todas as minhas próprias intenções, em consequência do torpor da minha mente, dor no corpo e extremo desgosto quanto ao assunto, que me cercaram enquanto escrevia parte do meu livro. Essa parte, tendo já sido enviada à gráfica (distante cerca de cinco graus de latitude), não pode mais ser corrigida ou melhorada. Desse relato, com as incoerências que possa ter, fica evidente que as pessoas que têm mais interesse na história do ópio são as que mais podem se beneficiar dele — ou seja, comedores de ópio no geral — pois ele estabelece, para o consolo ou encorajamento delas, o fato de que se pode renunciar ao ópio, sem maiores sofrimentos do que se pode suportar, por meio de uma redução bastante rápida. Gostaria de observar que a minha foi rápida demais, e o sofrimento decorrente desnecessariamente agravado; ou, talvez, não tenha sido suficientemente contínua e gradativa. Mas, para que o leitor possa julgar por si mesmo e, acima de tudo, para que o comedor de ópio que está se preparando para abandonar esse hábito possa ter todo tipo de informação diante de si, anexo meu diário:

Primeira semana	Gotas de láudano
24 de junho	130
25 de junho	140
26 de junho	130
27 de junho	80
28 de junho	80
29 de junho	80
30 de junho	80

Segunda semana	Gotas de láudano
1º de julho	80
2 de julho	80
3 de julho	90
4 de julho	100
5 de julho	80
6 de julho	80
7 de julho	80

Terceira semana	Gotas de láudano
8 de julho	300
9 de julho	50
10 de julho	sem anotação
11 de julho	sem anotação
12 de julho	sem anotação
13 de julho	sem anotação
14 de julho	76

Quarta semana	Gotas de láudano
15 de julho	76
16 de julho	73
17 de julho	73
18 de julho	70
19 de julho	240
20 de julho	80
21 de julho	350

Quinta semana	Gotas de láudano
22 de julho	60
23 de julho	zero
24 de julho	zero
25 de julho	zero
26 de julho	200
27 de julho	zero

O que significam essas bruscas recaídas, o leitor irá perguntar, talvez, diante de números como 300 ou 350? O impulso a essas recaídas foi mera enfermidade do propósito: o motivo, onde qualquer motivo se misturava a esse impulso, era por um lado o princípio de *reculer pour mieux sauter*[61] (pois sob o torpor de uma dose maior, que durava por um ou dois dias, uma quantidade menor satisfazia o estômago, que, ao despertar, encontrava-se acostumado a essa nova ração), por outro lado, era o princípio de que sofrimentos de outra forma iguais àqueles serão mais bem suportados em uma situação de raiva. Então, quando aumentava a minha dose, eu ficava furiosamente incensado no dia seguinte e podia, portanto, suportar qualquer coisa.

Assim, comunicar o resultado do meu experimento foi meu principal intuito. Em segundo lugar, como um intuito colateral a esse, desejei explicar como havia se tornado impossível para mim escrever uma terceira parte a tempo de entrar nesta republicação, pois, ao longo da duração exata do meu experimento, as folhas de prova desta reimpressão foram enviadas a mim de Londres. E tal foi minha inabilidade para expandi-las ou melhorá-las que eu não suportei nem as ler atentamente para identificar erros de impressão ou corrigir qualquer imprecisão gramatical. Essas foram as minhas precisas razões para perturbar meu leitor com algum registro, longo ou curto, de experimentos relacionados a um assunto tão verdadeiramente fundamental. E sou sincero com o leitor quando digo

---

61 Francês: esperar para ver o que acontece. (N. da T.)

que ele não os esquecerá, e não me entendeis mal por achar que eu seria tão condescendente com um assunto por gostar dele ou por qualquer outro motivo que não fosse de benefício geral a outros. Sei que há os que são tremendamente valetudinários, eu mesmo já os encontrei ocasionalmente, e sei que é o pior *heautontimoroumenos*[62] imaginável; negativo e amparador, sendo chamado a uma nítida consciência, cada sintoma que fosse talvez, diante de diferentes direções dadas ao pensamento, tornar-se evanescente. Mas, quanto a mim, tão profundo é meu desprezo por esse hábito indigno e egoísta que eu concordava com ele tanto quanto concordava em passar meu tempo observando uma pobre criada — com quem nesse momento eu escutava um ou outro rapaz fazendo amor nos fundos da minha casa. É para um filósofo transcendental sentir alguma curiosidade em uma ocasião como essa? Ou posso eu, cuja vida só vale o rendimento de oito anos e meio, ter direito a me divertir com ocupações tão triviais? Entretanto, para deixar isso de lado, devo dizer uma coisa que talvez choque alguns leitores, mas considero que tenho motivos para dizer. Nenhum homem, suponho, emprega muito do seu tempo no fenômeno de seu próprio organismo sem consideração por ele. Ao mesmo tempo, o leitor vê que, por olhar para o meu organismo sem nenhuma complacência nem consideração, mostro que o odeio e que o torno objeto de meu amargo escárnio e desprezo. E eu não deveria ficar indignado por saber que as últimas indecências que a lei aplica sobre o organismo dos piores malfeitores devem então recair sobre ele. E, testando minha sinceridade ao dizer isso, devo fazer a seguinte proposta. Como outros homens, tenho fantasias específicas sobre o local do meu sepultamento: tendo vivido a maior parte do tempo em uma região montanhosa, minha tendência é achar que um túmulo em um cemitério arborizado em meio às colinas antigas e solitárias seria um lugar muito mais sublime e tranquilo

---

62 Transliteração do grego, significa "carrasco de si mesmo". Também o nome de um poema do francês Charles Baudelaire (1821 – 1867) que no grego se inspirou. (N. da T.)

para o repouso de um filósofo do que qualquer um no hediondo calvário que é Londres. Ainda assim, se os cavalheiros de Surgeons' Hall acharem que qualquer benefício pode resultar em sua ciência inspecionando a aparência do corpo de um comedor de ópio, não deixai que eles falem uma só palavra, e cuidarei para que o meu esteja guardado para eles — isto é, assim que eu terminar minha parte. Que eles não hesitem em expressar seus desejos sobre qualquer incerteza de falsa consideração pelos meus sentimentos: asseguro-lhes que será uma honra enorme para mim que meu corpo doentio sirva de "demonstração". E será um prazer antecipar essa vingança e insulto póstumos sobre aquele que me causou tanto sofrimento na vida. Tais legados não são comuns: benefícios eventuais e reversíveis sobre a morte do testador são de fato perigosos de anunciar em muitos casos. Há observações memoráveis quanto a isso na vida de um príncipe romano que costumava, diante de qualquer notificação feita a ele por pessoas ricas que haviam deixado para ele alguma bela propriedade em seus testamentos, expressar sua total satisfação e, agradecido, aceitar aqueles legados leais, mas depois, se os testadores falhavam em dar a ele posse imediata da propriedade — se eles o traiam e "continuavam a viver" (*si vivere perseverarent*, como Suetônio diz) — se sentia extremamente provocado e tomava as medidas cabíveis. Daqueles tempos, e de um dos piores dos césares, podemos esperar tal conduta. Mas tenho certeza de que, com os médicos ingleses de hoje, não preciso procurar nenhum sinal de impaciência e qualquer outro sentimento, pois é somente o puro amor à ciência e tudo que se relaciona a ela que me induzem a fazer tal oferta.

30 de setembro de 1822.